DOCUMENTOS DA CNBB – 79

DOCUMENTOS DO BRASIL

CONFERÊNCIA NACIONAL DOS BISPOS DO BRASIL

DIRETÓRIO
DA PASTORAL FAMILIAR

Texto aprovado pela 42ª Assembléia Geral
Itaici – Indaiatuba (SP), 21 a 30 de abril de 2004

COMISSÃO EPISCOPAL PASTORAL
PARA A VIDA E A FAMÍLIA
CNBB

Paulinas

Direção geral: *Flávia Reginatto*
Editora responsável: *Noemi Dariva*
Revisão: *CNBB*

7ª edição – 2011
7ª reimpressão – 2024

Nenhuma parte desta obra poderá ser reproduzida ou transmitida por qualquer forma e/ou quaisquer meios (eletrônico ou mecânico, incluindo fotocópia e gravação) ou arquivada em qualquer sistema ou banco de dados sem permissão escrita da Editora. Direitos reservados.

Cadastre-se e receba nossas informações
paulinas.com.br
Telemarketing e SAC: 0800-7010081

Paulinas
Rua Dona Inácia Uchoa, 62
04110-020 – São Paulo – SP (Brasil)
📞 (11) 2125-3500
✉ editora@paulinas.com.br

© Pia Sociedade Filhas de São Paulo – São Paulo, 2005

SUMÁRIO

Apoio do Pontifício Conselho para a Família
ao Diretório da Pastoral Familiar 11

APRESENTAÇÃO 13

INTRODUÇÃO: POR QUE UM DIRETÓRIO? 17
A Pastoral Familiar no Brasil 19
Destinatários do Diretório 23
Compromisso eclesial 24

PLANO DE EXPOSIÇÃO 27

CAPÍTULO 1
A SITUAÇÃO DA FAMÍLIA HOJE 31
Necessidade de conhecer a situação 31
As mudanças sociais e sua repercussão na família 34
O impacto do secularismo
e do indiferentismo religioso sobre a família 39
Diretrizes de ação pastoral
diante dos desafios apresentados 45

CAPÍTULO 2
CONCEITO E FINALIDADES DO MATRIMÔNIO 51
O matrimônio e a família: obra predileta de Deus 51

Chamados ao amor 52

O matrimônio natural 54

O conceito de matrimônio 55

As finalidades naturais 56

As finalidades do matrimônio na Bíblia 58

A satisfação sexual e o amor 59

Paternidade e maternidade responsáveis
e os métodos naturais de regulação da fertilidade 64

A questão do aborto em casos especiais 72

Desafios e orientações pastorais a respeito
da paternidade e maternidade responsáveis 77

CAPÍTULO 3

A EDUCAÇÃO DOS FILHOS 91

Dificuldades criadas pela realidade social 94

Princípios educativos 99

A educação afetiva e sexual:
direitos e deveres dos pais 106

A educação afetiva e sexual
como tarefa peculiar dos pais 109

Critérios que devem nortear os pais
na educação afetiva e sexual dos filhos 110

A luta em defesa do direito
dos pais na educação afetiva e sexual dos filhos 117

O ensino explícito da doutrina cristã 120

Capítulo 4

AS CARACTERÍSTICAS DO MATRIMÔNIO
E O MATRIMÔNIO COMO SACRAMENTO 125

A unidade 126

A indissolubilidade 127

A questão do divórcio 128

O divórcio e a finalidade procriativa 129

O divórcio e a finalidade educativa 131

O divórcio e a finalidade unitiva do amor conjugal 134

O divórcio e as crises conjugais 136

A indissolubilidade na Sagrada Escritura,
no Magistério da Igreja e no Direito Canônico 139

A indissolubilidade é reforçada
pelo sacramento do Matrimônio 140

Indissolubilidade e amor 141

A situação dos separados
e dos divorciados que contraem nova união 145

Atitudes dos nubentes perante
a indissolubilidade e o divórcio 150

O matrimônio como sacramento 153

A posição do matrimônio entre os outros sacramentos 153

A ação da graça sacramental do matrimônio 155

A valorização do sacramento como algo sagrado 159

Capítulo 5

PREPARAÇÃO PARA O MATRIMÔNIO
E ACOMPANHAMENTO À VIDA FAMILIAR 161

Preparação remota 162

Preparação próxima 163

Preparação imediata 165

A celebração do matrimônio 168

Os primeiros anos do matrimônio 170

A consolidação do matrimônio 172

A importância do trabalho na família 175

Capítulo 6

O MATRIMÔNIO E A FAMÍLIA
COMO CAMINHO DE SANTIDADE 181

Os Movimentos, Serviços, Institutos
e Associações Familiares 181

O chamado universal à santidade
e o valor santificador do sacramento
do Matrimônio nas realidades cotidianas 181

1. O valor santificador do sacramento 182

2. A vivência dessa realidade no dia-a-dia 184

A santificação do amor conjugal
e a convivência familiar ao lado dos filhos 190

A espiritualidade no lar: oração conjugal e familiar 193

Algumas práticas espirituais no lar 196

Vida sacramental 198

Outros aspectos relevantes da espiritualidade no lar 203

Escuta da Palavra e catequese em família 204

O diálogo, a dor e o exercício do perdão 205

Espírito de serviço e solidariedade 207

A vivência da afetividade e da sexualidade 208

A família: Igreja missionária e Igreja doméstica 211

A inserção da família na grande família da Igreja 217

Os Movimentos, Serviços, Institutos
e Associações Familiares 220

CAPÍTULO 7

SITUAÇÕES ESPECIAIS 223

Atenção às situações de conflito 223

Uniões de fato 224

Separação mantendo a fidelidade
ao vínculo conjugal 225

Matrimônio canônico precedido
por um divórcio civil 227

Casados na Igreja, divorciados civilmente
e novamente unidos pelo casamento civil 229

Católicos unidos apenas no civil 233

Crianças e famílias em situação
de risco pessoal e social 235

Crianças e adolescentes desprotegidos,
abandonados ou em perigo 241

Atenção aos idosos 245

Famílias de migrantes 250

CAPÍTULO 8

PASTORAL FAMILIAR: RESPOSTA
DA IGREJA AOS PROBLEMAS
E QUESTÕES FAMILIARES 255

Pastoral e Igreja 255

A Pastoral Familiar - desafio para a Igreja 256

A Pastoral Familiar no Brasil 260

Objetivos da Pastoral Familiar 264

Organização 268

    Setor Pré-Matrimonial 268

    Setor Pós-Matrimonial 269

    Setor Casos Especiais 270

Organogramas 270

ORGANIZAÇÃO DA PASTORAL FAMILIAR
NO BRASIL 273

PONTIFICIUM CONSILIUM
PRO FAMILIA

Apoio do Pontifício Conselho para a Família ao DIRETÓRIO DA PASTORAL FAMILIAR DA CONFERÊNCIA NACIONAL DOS BISPOS DO BRASIL

Com o voto quase unânime na 42ª Assembléia da CNBB, realizada no ano de 2004, o Episcopado brasileiro manifestou, diante da sociedade do País e diante da consciência de todos os membros da Igreja, a dignidade que o próprio Criador deu ao matrimônio e como também a Sua Santidade como sacramento. Reconheceu e declarou, sem ambigüidades, a insubstituível dignidade e a missão da família. Com isso, encoraja e orienta as inúmeras iniciativas pastorais em favor da família já existentes em grande número de dioceses e paróquias no Brasil, e fornece indicações claras tanto doutrinais quanto pastorais e operacionais.

Este documento, dividido em oito capítulos correspondentes a questões de grande atualidade, é de louvável abrangência, de clareza didática e inscreve-se nas linhas da doutrina do Magistério universal da Igreja.

O texto revela um competente conhecimento da realidade contemporânea, em grande parte desafiadora para o matrimônio e a família, quando não diretamente hostil a eles. Longe de apresentar considerações vagas e genéricas, o texto constitui-se, para os sacerdotes e os agentes desta privilegiada Pastoral, um autêntico manual de estudo, uma orientação teológica e antropológica e um insistente convite para incrementar, quando não para iniciar, uma generosa ação pastoral neste campo tão prioritário da Igreja.

A indicação da vocação dos pais frente aos filhos (n. 172), expressão do sacerdócio batismal, é muito sugestiva e tem uma rica base (especialmente para o pai) já no Antigo Testamento. Também o modo concreto com que se descreve "a espiritualidade no lar" (nn. 329ss) e "práticas espirituais no lar" (nn. 333ss) será de grande valor.

Deve este texto, fruto certamente de oração, de rico contato com a vida, com as justas aspirações e graves preocupações das famílias, ser qualificado como estudo sério e competente, e ser considerado um abençoado triunfo dos Pastores que – "opportune, importune" – procuram difundir a verdade e o amor de Cristo.

O trabalho eclesial, no espírito deste Diretório, revelará em quais pontos o texto deve, no futuro, ser aprofundado, para uma atuação cada vez mais abençoada em prol da Família, Santuário da Igreja Doméstica.

Já enviamos anteriormente algumas indicações de ordem prática, e agradecemos a pronta aceitação por parte da Presidência da CNBB e dos responsáveis do Setor da Família. Queira Deus fecundar com sua divina graça tanto zelo e generosa entrega pastoral em prol do matrimônio e da família.

Vaticano, 18 de fevereiro de 2005.

Cardeal Alfonso López Trujillo
Presidente

Karl Josef Romer
Secretário

APRESENTAÇÃO

O Diretório Nacional da Pastoral Familiar foi aprovado pela 42ª Assembléia Geral da Conferência Nacional dos Bispos do Brasil (CNBB), realizada em Itaici, Indaiatuba-SP, de 21 a 30 de abril de 2004. Foi fruto de um longo e intenso trabalho.

Em 1997, durante a sua 36ª Assembléia Geral, a CNBB criou uma Comissão para rever seu documento "Orientações Pastorais sobre o Matrimônio e a Família", que havia sido aprovado em 1978. Depois de 1980, de fato, foram publicados diversos documentos importantes do Magistério da Igreja sobre as questões relativas à família, sobretudo a Exortação Apostólica Pós-Sinodal *Familiaris Consortio* ("A Missão da Família cristã no mundo de hoje"), em 1981, e a encíclica *Evangelium Vitae* ("O Evangelho da Vida"), em 1995.

Além disso, em 1983 foi promulgado o novo Código de Direito Canônico, trazendo uma legislação canônica renovada sobre as questões relativas ao matrimônio e à família. Também em 1983 foi publicado o novo Catecismo da Igreja Católica, expondo a doutrina do Magistério da Igreja sobre o matrimônio e a família. Em 1994, o papa João Paulo II escreveu a Carta às Famílias; ainda naquele mesmo ano, a CNBB promoveu a Campanha da Fraternidade sobre a família, com o tema "A família, como vai?", cujas ricas reflexões foram recolhidas no Texto-Base da Campanha.

Portanto, já era tempo de elaborar um novo documento sobre a Pastoral Familiar, na forma de um Diretório, como o Papa havia pedido na *Familiaris Consortio*: "É desejável que as Conferências Episcopais, interessadas em iniciativas oportunas para ajudar os futuros esposos a serem mais conscientes da seriedade de sua escolha e os pastores a certificarem-se das suas convenientes disposições, publiquem um Diretório para a Pastoral da Família" (n. 66).

Após anos de intenso trabalho, a Comissão encarregada apresentou uma proposta de Diretório na 41ª Assembléia Geral da CNBB, em 2003, para receber as observações e sugestões de todos os bispos. No texto, foram contemplados os pontos tradicionais do ensinamento da Igreja sobre o matrimônio e a família, mas também as diversas questões emergentes sobre a vida, a dignidade da pessoa e a instituição familiar nos aspectos socioeconômicos, culturais, espirituais e pastorais.

Finalmente, na 42ª Assembléia Geral, em 2004, o Diretório foi aprovado pela ampla maioria dos membros do episcopado brasileiro. A CNBB quis, dessa forma, afirmar a missão própria do bispo no que se refere à família e sustentar os valores do matrimônio e da família na sociedade, para que sejam defendidos na sociedade civil através de decisões políticas e econômicas justas; quis, ao mesmo tempo, incentivar no âmbito da comunidade cristã a adequada preparação dos noivos para o casamento e a progressiva inserção dos jovens casais na mística da vida matrimonial. Um capítulo também é reservado às situações especiais, como as uniões de fato e os casais que vivem uma nova união.

O Pontifício Conselho para a Família deu sua palavra de apoio ao Diretório Nacional da Pastoral Familiar.

Cabe aqui um agradecimento especial, em nome da CNBB, à Comissão Episcopal Pastoral para a Vida e a Família pelo trabalho incansável realizado e a todos os bispos, sacerdotes, religiosas e religiosos, leigas e leigos participantes dos trabalhos da Comissão encarregada de elaborar a proposta do Diretório Nacional da Pastoral Familiar. Deus lhes pague!

Fazemos votos que este documento se torne uma referência preciosa para todos aqueles que trabalham na pastoral familiar em todo o Brasil.

† *Dom Odilo Pedro Scherer*
Bispo Auxiliar de São Paulo
Secretário-Geral da CNBB

INTRODUÇÃO:
POR QUE UM DIRETÓRIO?

1. A Pastoral Familiar no Brasil, enquanto trabalho planejado e organizado, estruturou-se a partir de meados da década de 1990. Nesse curto e turbulento período refletiu-se muito sobre a realidade familiar e seu papel intransferível de sujeito e agente sociotransformador. Essa reflexão resultou em inúmeras iniciativas em prol da família. Entretanto, outros desafios e novas exigências se apresentam. Existem práticas pastorais muito diversificadas, não só no âmbito das dioceses, mas também das paróquias, movimentos e demais organizações familiares. Isso, tanto da parte dos agentes de pastoral e ministros leigos, quanto mesmo dos pastores. Como exemplos dessas práticas, podemos citar a preparação para o sacramento do Matrimônio, a forma de participação dos casais em segunda união e dos casados só no civil na comunidade eclesial e orientações sobre o planejamento familiar, entre outros.

Enfrentar desafios e novas exigências

2. Diante de tal universo de iniciativas e ações pastorais é que se faz necessário um Diretório.

Pistas de ação concreta

Urge iluminar e indicar pistas de ação pastoral concreta e decisiva que apontem Diretrizes claras e adequadas para a evangelização das famílias e pelas famílias. Este Diretório sempre se orienta sob duas óticas: uma mais explicativa e outra mais formativa e pastoral. É preciso, com efeito, oferecer, além dos necessários elementos informativos, as razões, motivos e explicações para esclarecer e aplicar, no contexto atual, a doutrina permanente da Igreja.

3. É necessário ressaltar a importância deste Diretório levando em conta que "o Criador de todas as coisas constituiu a comunidade conjugal como princípio e fundamento da sociedade humana e, pela sua graça, a tornou grande Sacramento em Cristo e na Igreja.[1] O apostolado dos cônjuges e das famílias tem importância singular, tanto para a Igreja como para a sociedade civil".[2] Mais ainda: se podemos dizer que "o futuro da humanidade passa pela família",[3] podemos acrescentar: é indispensável que cada pessoa de boa vontade se empenhe em salvar, fortalecer e promover

Oferecer diretrizes para a ação pastoral

---

[1] Ef 5,32.

[2] CONCÍLIO ECUMÊNICO VATICANO II. *Apostolicam Actuositatem*, Decreto sobre o apostolado dos leigos, n. 11.

[3] JOÃO PAULO II. Exortação Apostólica *Familiaris Consortio*, conclusão.

os valores e as exigências da família.[4] Este Diretório oferece, nesse sentido, as diretrizes fundamentais dessa ação pastoral.

A Pastoral Familiar no Brasil

4. Em sintonia com toda a Igreja, buscamos dinamizar uma Pastoral Familiar que brota do coração amoroso de Deus, que a todos acolhe e a todos com amor orienta. Essa Pastoral já possui uma certa estruturação e caminhada. Há ainda, porém, muitos aspectos ou situações que exigem definições claras, objetivas e mais adequadas. Como exemplos de iniciativas em diversas paróquias e dioceses no Brasil, já possuímos: Encontros para noivos; Encontros para adolescentes e jovens; Congressos e Encontros de casais, promovidos por diversos movimentos; atendimento e orientações a famílias carentes nas zonas rurais, ribeirinhas, marginalizadas; abertura – ainda que incipiente – aos casados só no civil e aos casais em segunda união; celebração da Semana Nacional da Família, do dia das mães, dos pais, da criança, da mulher, da vida; Natal

Iniciativas eficazes já existentes

---

4 Ibidem.

em família e na comunidade; acompanhamento e apoio às famílias, aos jovens e às crianças em dificuldades; Centros de Orientação e Atendimento Familiar; Institutos e Escolas de Família; orientações e formação sobre o Planejamento Familiar responsável; Pastoral da Visitação e da Acolhida; SOS Família; Consultórios Familiares; Associações de Famílias Cidadãs, Escola de Família etc.

5. Porém, muito ainda resta por fazer: uma preparação adequada ao matrimônio, pois muitos "Cursos de Noivos", apesar de obrigatórios, estão desatualizados; a própria celebração litúrgica do matrimônio é, em alguns aspectos, pouco aprofundada. Apresentar e divulgar – pelos veículos de comunicação social – o matrimônio e a família cristã como lugares próprios de felicidade e de santificação. Oferecer às famílias um serviço de discernimento vocacional para os que as integram. Divulgar e tornar acessíveis a todos os documentos oficiais da Igreja o riquíssimo Magistério Pontifício e a esplêndida realidade de uma família cristã. Disponibilizar acompanhamento de qualidade a mães e pais solteiros, a adolescentes grávidas, a filhos de pais separados ou

No entanto, muito resta por fazer

em segunda união e a famílias nascidas de uniões livres de fato. Atender às famílias marcadas pela violência intrafamiliar, passiva e ativa, causada principalmente pelo alcoolismo, pelas drogas e por abusos sexuais – especialmente das crianças e adolescentes. Prestar auxílio às famílias cujas precárias condições de vida as obrigam a grandes sacrifícios para sobreviver.

6. É preciso também investir decididamente na formação de agentes, em especial daqueles que se dedicam ao acompanhamento e promoção do aconselhamento familiar ou de casais que querem adotar crianças, de especialistas em bioética e políticas públicas familiares. De igual modo, é necessário envidar esforços para a solução dos problemas que interessam aos membros da paróquia e da diocese, à sociedade e ao governo, como o desemprego, a falta de moradia, a situação dos aposentados, a precariedade da saúde e da educação, entre outros. Urge promover o voluntariado, para aproveitar melhor os recursos humanos existentes em nossas comunidades – psicólogos, assistentes sociais, membros dos conselhos tutelares municipais, enfermeiros, pedagogos, médicos, advogados e outros profissionais.

Incentivar e solicitar a colaboração das escolas, universidades e dos meios de comunicação social – *Internet*, televisão, revistas, jornais etc. – na promoção dos valores familiares. Dispensar especial atenção à formação dos seminaristas, ao acolhimento e formação das famílias reconstituídas, das famílias migrantes, dos viúvos etc.

7. Quando se fala dos valores familiares, é necessário utilizar uma linguagem clara. O Papa João Paulo II, quando veio ao Brasil pela primeira vez, em 1980, afirmou: "Inúmeras famílias, sobretudo casais cristãos, desejam e pedem critérios seguros que os ajudem a viver, mesmo entre dificuldades não comuns e com esforço às vezes heróico, seu ideal cristão em matéria de fidelidade, de fecundidade e educação dos filhos. Ninguém tem o direito de trair esta expectativa ou decepcionar este reclamo, disfarçando por timidez, insegurança ou falso respeito, os verdadeiros critérios ou oferecendo critérios duvidosos, quando não abertamente desviados do ensinamento de Jesus transmitido pela Igreja".[5]

O Diretório quer oferecer critérios seguros e claros

---

[5] CNBB. Pronunciamentos do Papa no Brasil, Homilia durante a Missa, Rio de Janeiro, 1/7/1980, Vozes, 1980, p. 46.

Destinatários do Diretório

8. O Diretório é um instrumento de evangelização e um serviço oferecido às Igrejas Particulares no Brasil. Procura recolher as diversas orientações já emanadas nos Documentos dos Papas, da Santa Sé, das Assembléias Gerais do Conselho Episcopal Latino-americano (CELAM)[6] e da própria CNBB. Tem como destinatários prioritários:

Orientações e destinatários do Diretório

a) Em âmbito geral, principalmente a família, Igreja doméstica, convocada pela Palavra de Deus, pela fé e pelos sacramentos;

b) Mais particularmente, os destinatários singulares são os pastores, os que atuam na área do matrimônio e da família e todos os agentes da Pastoral Familiar e dos movimentos.

Está aberto também a tantos quantos queiram refletir acerca da família, célula básica da sociedade, primeira encarregada do anúncio do Evangelho, do serviço e do testemunho humano e cristão.

---

[6] Essas Assembléias foram realizadas, respectivamente, no Rio de Janeiro (Brasil), em Medellín (Colômbia), em Puebla (México) e em Santo Domingo (República Dominicana).

9. Espera-se das Dioceses uma recepção criativa do Diretório. Cada Igreja Particular, cada paróquia, cada comunidade e cada família possui situações conjugais e familiares específicas, concretas, em que o Evangelho deve ser anunciado e vivido. É fundamental se aprofundar nessa realidade, a partir da qual as pistas pastorais indicadas no Diretório poderão ser assumidas, experienciadas, enriquecidas e executadas com peculiaridade e singular eficácia.

Recepção criativa do Diretório: respeito a cada realidade

Compromisso eclesial

10. Fazendo coro às inúmeras iniciativas da Igreja, sobretudo do Papa João Paulo II, a Igreja no Brasil olha com renovada esperança para a família. Primeira escola das virtudes humanas, sociais e cristãs, ela é como laboratório do amor, portal da fé, lugar privilegiado para despertar, viver e fazer crescer as vocações e os carismas. A família é um dos pilares da primeira evangelização e da transmissão contínua da fé em nossa terra. E permanece sendo o fundamento e primeiro impulso para a nova evangelização, por meio da vocação e do ministério que lhe é próprio, conferido no sacramento do matrimônio, raiz da família cristã.

A Igreja e o Brasil depositam sua esperança na família

11. Como Pastores das Igrejas Particulares, desejamos sempre mais assumir o cuidado zeloso, a promoção e a santificação das nossas famílias, conscientes de que, como disse João Paulo II: "A Igreja e o Estado se sustentam nela".[7] Que a Sagrada Família de Nazaré nos ajude nesse propósito e empreendimento.[8]

---

[7] João Paulo II. II Encontro Mundial com as Famílias, Rio de Janeiro, outubro de 1997.

[8] A esse propósito, cf. FC, n. 66: Bispos e Presbíteros – primeiros responsáveis – devem consagrar grande dedicação, solicitude, tempo pessoal e recursos à Pastoral Familiar.

PLANO DE EXPOSIÇÃO

O esquema que seguiremos na exposição guardará esta ordem:

Capítulo 1

A situação da família hoje

Apresenta as circunstâncias em que a família se encontra hoje, com as suas luzes e sombras, a fim de que se possam indicar, para as situações e problemas da realidade atual, respostas pastorais concretas e adequadas.

Capítulo 2

Conceito e finalidades do matrimônio

É uma parte eminentemente estrutural. É muito conveniente assinalar quais as finalidades da instituição matrimonial, de acordo com o pensamento da Igreja, recolhidas no Concílio Vaticano II, no Código de Direito Canônico de 1983 e contempladas também nos últimos documentos pontifícios.

No capítulo das finalidades abordaremos:

- O amor conjugal e a integração das personalidades do marido e da mulher.

- A procriação dos filhos, a paternidade e a maternidade responsáveis e os métodos naturais de planejamento familiar.

Capítulo 3

A educação dos filhos

Trata da importância da missão e dever educativo dos pais, como uma continuidade da sua função procriativa. Apresenta, ainda, uma referência especial à educação afetiva e sexual dos filhos, bem como aos critérios que devem nortear os pais nessa sua tarefa peculiar.

Capítulo 4

Características do matrimônio. O matrimônio como sacramento

Primeiramente, são apresentadas a unidade e a indissolubilidade como propriedades essenciais do matrimônio. Faz-se, nesse momento, uma especial menção ao problema do divórcio e à conscientização dos noivos a respeito da indissolubilidade como propriedade essencial do matrimônio.

Em seguida, apresenta-se o sacramento do Matrimônio: a ação da graça sacramental e a valorização desse sacramento.

Capítulo 5

Preparação para o matrimônio e acompanhamento à vida familiar

Depois de apresentada toda a estrutura matrimonial, será tratada, então, a preparação a esse sacramento, que compreende três momentos: preparação remota, próxima e imediata.

Capítulo 6

O matrimônio e a família como caminho de santidade. Os movimentos, serviços, institutos e associações familiares

Como um coroamento dos capítulos anteriores, este capítulo abrange o tema da santificação dos cônjuges e da família como um todo. Aqui também se focaliza o importante papel dos Movimentos e Associações familiares.

Capítulo 7

Situações especiais

Uma vez que já se fez referência ao que a Igreja considera normal, natural, em termos de matrimônio e família, reservamos para este capítulo a análise de algumas situações singulares:

- Uniões de fato
- Separação, mantendo o vínculo conjugal
- Matrimônio canônico precedido de casamento civil
- Divórcio seguido de novo matrimônio civil
- Crianças e famílias em situação de risco
- Famílias com filhos em situação de risco
- O problema dos idosos
- Famílias de migrantes

Capítulo 8

Pastoral Familiar

Como capítulo conclusivo, que recolhe toda a matéria e lhe dá uma orientação especificamente pastoral, esta última parte é dedicada à apresentação da Pastoral Familiar, dos seus objetivos e organização. No fim, alguns organogramas servem para elucidar de maneira gráfica a organização dessa pastoral.

Capítulo 1

A SITUAÇÃO DA FAMÍLIA HOJE

Necessidade de conhecer a situação

12. A Igreja está profundamente convencida de que só à luz do Evangelho encontra plena realização a esperança que o ser humano põe legitimamente no matrimônio e na família. Num momento histórico em que a família é alvo de numerosas forças que a procuram desestruturar e destruir, a Igreja sente de modo mais vivo a sua missão de proclamar a todos os desígnios de Deus sobre o matrimônio e a família.[9] Este é também o motivo pelo qual o presente Diretório adquire uma grande significação e relevância.

A Igreja e sua responsabilidade sobre o matrimônio e a família

13. Uma vez que a família desempenha uma função concreta e fundamental no meio da sociedade, é preciso conhecer a situação em que o matrimônio e a família se encontram hoje. Esta

---

[9] Cf. João Paulo II. Exortação Apostólica *Familiaris Consortio,* Introdução.

situação – diz a *Familiaris Consortio* – apresenta aspectos positivos e aspectos negativos.

14. "Por um lado, de fato, existe uma consciência mais viva da liberdade pessoal e maior atenção à qualidade das relações interpessoais no matrimônio, à promoção da dignidade da mulher, à procriação responsável, à educação dos filhos; há, além disso, a consciência da necessidade de que se desenvolvam relações entre as famílias por uma ajuda recíproca espiritual e material, a descoberta da missão eclesial própria da família e da sua responsabilidade na construção de uma sociedade mais justa. Por outro lado, contudo, não faltam sinais de degradação preocupante de alguns valores fundamentais: uma errada concepção teórica e prática da independência dos cônjuges entre si; as graves ambigüidades acerca da relação de autoridade entre pais e filhos; as dificuldades concretas que a família muitas vezes experimenta na transmissão dos valores; o número crescente dos divórcios; a praga do aborto; o recurso cada vez mais freqüente à esterilização; a instauração de uma verdadeira e própria mentalidade contraceptiva.

> Situação: aspectos positivos e negativos

15. "Merece também a nossa atenção o fato de que, nos países do assim chamado Terceiro Mundo, faltem muitas vezes às famílias quer os meios fundamentais para a sobrevivência, como o alimento, o trabalho, a habitação, os medicamentos, quer as mais elementares liberdades. Nos países mais ricos, pelo contrário, o bem-estar excessivo e a mentalidade consumista, paradoxalmente unida a uma certa angústia e incerteza sobre o futuro, roubam aos esposos a generosidade e a coragem de suscitarem novas vidas humanas. A vida é muitas vezes entendida não como uma bênção, mas como um perigo de que é preciso defender-se".[10]

Diferenças sociais: carências e excessos

16. É igualmente significativo considerar a realidade dolorosa em que se encontram não poucos casais e famílias: condições de saúde precárias, carências das mais indispensáveis condições econômicas, falta de infra-estrutura habitacional e sanitária etc. Acresce a esta situação a falta de esperança numa mudança de políticas públicas ou de reformas substanciais indispensáveis para conseguir a mínima dignidade humana.

---

[10] João Paulo II, op. cit., n. 6.

As mudanças sociais e sua repercussão na família

17. As transformações técnicas e sociais propiciam a formação de uma nova cultura, que influi nos hábitos, valores, costumes e comportamentos dos povos. Em decorrência disso, também a família passa por alterações em suas funções. A título de exemplo, vamos citar algumas mudanças que têm afetado a família ultimamente: existência ou superposição de diferentes modelos de "família"; novas concepções e técnicas de procriação; redução do número de filhos; emancipação da mulher e seu trabalho fora do lar; reflexo no interior da família do conflito entre gerações etc.

A nova cultura afeta a família

18. Tantas mudanças repercutem no modo de ser e de viver da família brasileira. E geram conseqüências como a "deterioração dos valores básicos da família que desintegra a comunhão familiar, eliminando a participação co-responsável de todos os seus membros e tornando-os presa fácil do divórcio e do abandono do lar".[11] Nossa sociedade viu aumentar, nos últimos anos, a violência dentro e fora de casa; a fragilidade das políticas sociais de trabalho, moradia, saúde, educação, assistência e cul-

---

[11] CELAM. Conclusões de Puebla, n. 57.

tura; a proliferação de moradias precárias, que criam condições para a promiscuidade; o relativismo religioso, ético e cultural; o fenômeno da migração desordenada, em que as pessoas são obrigadas a abandonar o seu lugar de origem em busca de trabalho ou de outras formas de sobrevivência.

19. Tomando também como referência as significativas mudanças socioculturais decorrentes do êxodo rural, fruto da revolução industrial, a família vem perdendo gradativamente a sua força como fator de integração social.

Influências da globalização

20. O Brasil também já se estabeleceu no contexto da globalização. Nesta – com um sistema de comunicações que reduz a distância entre as diferentes nações e povos –, paradoxalmente, os indivíduos se tornam mais próximos e, ao mesmo tempo, mais distantes. Muitas vezes esse processo só aproxima as mercadorias e fomenta conflitos de interesses. A globalização repercute na ética, na economia, na cultura e na religião. Tanto pode reforçar o processo da unidade dos povos e prestar um melhor serviço à família humana, como se restringir às leis do mercado, conforme a conveniência dos países mais ricos. Dependendo da orientação, ela contribui, com freqüência,

mais para a degradação do ser humano do que para a construção de um sujeito ético, ou de uma família digna.

21. O secularismo, a imaturidade psicológica e diversos outros fatores socioeconômicos e políticos tornam freqüente o abandono dos valores morais. Isso gera famílias incompletas, casais em situação irregular, um número crescente de casamentos contraídos no âmbito civil sem celebração sacramental e uniões puramente consensuais.[12] Aumenta a desestruturação da família, com a emergência de vários modelos de contrato nupcial, uniões livres, tendência à difusão do homossexualismo, à profissionalização da prostituição, a difusão do rompimento do vínculo conjugal e o número crescente destas rupturas, ainda nos primeiros anos de matrimônio, as chamadas "produções independentes" e o aumento do número de mães (adolescentes) solteiras, de pais solteiros (a maioria sem responsabilidade e compromisso com a mulher e o filho) etc. Apesar de todos esses aspectos negativos, muitas famílias lutam para reafirmar sempre mais os valores cristãos, que estão bem acima desses fenômenos perturbadores.

do secularismo

---

[12] CELAM. Conclusões de Santo Domingo, n. 217.

22. Ainda podemos assinalar outros fenômenos que afetam negativamente a família: a distribuição maciça de contraceptivos; o aumento da prática de esterilização; o recurso às diversas formas de fecundação artificial; o aborto; a rejeição, a redução e o abandono dos filhos; as falhas dos pais na sua responsabilidade de educadores; a negligente omissão paterna, que deixa à mulher o inteiro cuidado pelo sustento e educação dos filhos, o que gera graves prejuízos na formação e desenvolvimento das suas personalidades.

da mentalidade antivida

23. Muitos pais levantam a voz contra determinadas colocações dos meios de comunicação social e contra alguns programas veiculados especialmente pela televisão, que destacam a violência, o hedonismo, a pornografia e o materialismo prático, que contrariam os valores familiares e estimulam práticas antiéticas. São muitos também os que chamam a atenção para as falsas necessidades despertadas pelas propagandas comerciais. Entretanto, esses mesmos não são capazes de fazer surgir uma mentalidade crítica e uma ação suficientemente forte para reverter o quadro negativo que apresentam os meios de comunicação.

dos meios de comunicação

24. A dupla jornada de trabalho e o acúmulo de papéis assumidos pela mulher, seja em razão do empobrecimento, seja pela procura de uma realização pessoal, deixam muitas vezes sem a devida assistência as crianças e os adolescentes. A presença da mulher-mãe é fator determinante para um sadio crescimento afetivo e integral do filho. A Igreja tem contribuído para a emancipação e a recuperação da dignidade da mulher, mas ao mesmo tempo sempre tem afirmado que "a verdadeira promoção da mulher exige também que seja claramente reconhecido o valor da sua função materna e familiar em confronto com todas as outras tarefas públicas e com todas as outras profissões". [13]

do trabalho da mãe fora de casa

25. Nesse contexto, a Igreja propõe à Pastoral Familiar "uma ação decidida para defender e promover a família, Igreja doméstica e santuário da vida".[14] Sendo a família a célula básica da sociedade, fonte de vida que abastece as diferentes camadas e categorias sociais e eclesiais, a Pastoral Familiar deverá articular-se, de modo eficaz, com os organismos e Pasto-

Pastoral Familiar: promover e defender a família

---

[13] Cf. João Paulo II, op. cit., n. 23.

[14] Cf. Conclusões de Santo Domingo, op. cit., n. 297.

rais de cada Diocese, de tal modo que contribua significativamente para o crescimento e consolidação de toda a ação pastoral. Esta ação ajuda a fortificar e a evangelizar as famílias. Cada família, como sujeito-agente sociotransformador da sociedade, ajuda a vencer eventuais crises e difíceis situações familiares, tanto na sua atuação interna como externa.

O impacto do secularismo e do indiferentismo religioso sobre a família

26. O secularismo, que estabelece uma oposição entre os valores humanos e os divinos, atribui ao homem a responsabilidade exclusiva por sua história. Trata-se de "uma concepção do mundo, segundo a qual esse mundo se explicaria por si mesmo, sem ser necessário recorrer a Deus; Deus se tornou supérfluo e embaraçante. Tal secularismo, para reconhecer o poder do homem, acaba por privar-se de Deus ou mesmo por renegá-lo. Novas formas de ateísmo parecem derivar dele [...]. Em conexão com este secularismo ateu, nos é proposta todos os dias, sob as formas mais diversas, uma civilização de consumo, o hedonismo erigido em valor supremo, uma ambição de poder e de predomínio, discriminações de toda

> Outros fatores de influência: hedonismo e relativismo ético

espécie, enfim, uma série de coisas que são outras tantas tendências inumanas desse *humanismo*".[15] O comportamento pessoal fundado no secularismo e na indiferença religiosa pode produzir – como grave conseqüência para a sociedade e para a família – uma conduta social baseada no relativismo ético. Sem escrúpulos vigora mais e mais a ética da situação, a ética do momento e a ética do sentimento, frutos de um subjetivismo exacerbado. Impera a moda do "você decide!", do "eu acho".

27. Embora a maioria da população brasileira se apresente como cristã, sua prática social está impregnada de elementos que muitas vezes negam e excluem os valores evangélicos. Isso gera famílias que, apesar de se "sentirem" católicas, "não assumem os valores cristãos como elemento de sua identidade cultural, não sentindo a necessidade de um compromisso eclesial e evangelizador".[16] Muitas delas participam de grupos que defendem práticas contrárias à doutrina da Igreja, tais como o controle antinatural da natalidade, o aborto e o divórcio, e têm dificuldade em aceitar a doutrina do Ma-

Separação entre fé e vida

---

[15] PAULO VI. *Evangelii Nuntiandi*, n. 55.

[16] Conclusões de Santo Domingo, cit., n. 96.

gistério em campos importantes da vida humana, como são a moral social e a sexual.

28. A separação entre fé e vida, exacerbada pelo secularismo, traz como conseqüência um distanciamento entre os critérios evangélicos e o mundo do trabalho, da economia, da política, da ciência, da arte, da literatura e dos meios de comunicação social. Em decorrência, a família – sem a plena consciência de sua pertença à Igreja – é afetada por uma profunda incoerência entre a fé que deve professar e praticar e o compromisso que assume na sociedade.[17]

29. "No universo cristão/católico, há casais que praticam a fé, atuam nas comunidades cristãs e nos movimentos, mas não conseguem vivenciar uma *espiritualidade conjugal*. Alguns conservam uma piedade mais ou menos sólida, mas marcada pelo individualismo. Outras famílias abandonaram completamente a prática religiosa. Há dicotomia entre fé e vida. Não poucas famílias pedem os sacramentos para seus filhos, mas não pertencem a nenhuma comunidade cristã".[18]

---

[17] Cf. Conclusões de Puebla, cit., n. 783.

[18] Cf. CNBB. Campanha da Fraternidade 1994, Texto-base, n. 38.

30. Marcada por esse notório pluralismo religio- *Sincretismo religioso*
so e ético, o modo de entender e de viver a
religião na sociedade brasileira é heterogêneo.
Num ambiente de sincretismo religioso, muitos brasileiros assumem várias concepções e
práticas religiosas simultaneamente: transitam
com facilidade de uma religião a outra ou
constroem uma visão religiosa com elementos de diversas procedências. Há quem se declara católico e acredita na reencarnação, sem
uma clara consciência das implicações da
doutrina espírita. Esse sincretismo tem uma
repercussão nefasta no seio da família.

31. A grande massa de informações e a confu- *Subjetivismo e relativismo*
são em questões de fé e doutrina produzem
um subjetivismo e um relativismo que colocam em questão os valores mais fundamentais. Nesse contexto, a falta de rumos claros
leva, com freqüência, muitas pessoas e famílias
a abandonar a vida eclesial e a buscar respostas
"milagrosas" para suas necessidades imediatas
em práticas supersticiosas ou mágicas.

32. Diante do pluralismo de comportamentos e
das teorias que pretendem legitimá-los, cada
um é solicitado a fazer sua escolha segundo
um critério ou um gosto pessoal. Desacredi-
tando da possibilidade de discernir normas

éticas objetivas ou valores universais, muitos tendem a realizar suas ações e a construir seus valores predominantemente a partir da experiência individual.

33. Ao lado desta problemática religiosa, a questão social tem uma influência fundamental na estrutura familiar brasileira. O IBGE[19] indica acima de 20 milhões de famílias que não recebem mais do que três salários mínimos ao mês. Não têm, portanto, condições materiais para o desempenho de suas funções. A primeira dessas funções, conseguir a sobrevivência material – a superação da miséria e da fome – tem hoje graves implicações com o mundo do crime e da prostituição. Outra delas, a capacidade de proporcionar um ambiente favorável ao pleno desenvolvimento do casal e dos seus filhos é, em muitos casos, praticamente impossível de se atingir: faltam as mínimas condições de dignidade humana nas moradias insalubres que formam parte das extensas favelas em contínuo crescimento.

Realidade social brasileira: falta de condições materiais

34. A precária capacidade de adquirir bens e serviços e a compulsão consumista são também fatores agravantes que induzem a família a

Consumismo e mentalidade capitalista

---

[19] Cf. IBGE, Censo 2000.

pretender padrões insustentáveis. Pelos meios de comunicação social e também pelo nefasto exemplo de alguns privilegiados estilos de vida, a pessoa é induzida à obsessão consumista e se desgasta em trabalhar para satisfazer esse incansável desejo de possuir e gastar. A tensão social e psicológica que resulta desses estilos de vida é a causadora de tantos conflitos e crises que fortemente influem na desagregação da união familiar. A insegurança, a instabilidade e o fechamento social são fatores perturbadores que ameaçam constantemente o cotidiano da família brasileira. Esse quadro sofre também o impacto da mentalidade capitalista, voltada apenas para si mesma, para o individualismo e o egocentrismo. Estes negam a transcendência e favorecem a liberdade desenfreada e o relativismo de toda a verdade e da moral.

35. Nos condomínios das grandes cidades, solidificam-se o espírito individualista, o isolamento, a busca de privacidade, acomodação e tranqüilidade, em detrimento do exercício da cidadania e da solidariedade. É comum cada um defender o que é seu, sem levar em conta que a família tem um eminente papel como agente sociotransformador. Assim, a tendência natural do povo brasileiro de culti-

Individualismo e egoísmo

var a hospitalidade, a solidariedade e a prestação de serviços aos vizinhos – principalmente em casos de doenças, circunstâncias injustas, dificuldades ou catástrofes sociais e ambientais – vem perdendo terreno.[20]

Diretrizes de ação pastoral diante dos desafios apresentados

36. Esta realidade em que predomina a negação dos valores humanos e evangélicos constitui um verdadeiro desafio para a Pastoral Familiar. É neste mundo contraditório que os cristãos têm, sobretudo, a responsabilidade de viver e testemunhar a fé: ser "luz do mundo e sal da terra",[21] impregnando a cultura com valores evangélicos. Para ser sal e luz, as famílias são convocadas, em virtude do caráter social do sacramento do Matrimônio, a anunciar o Evangelho pela proclamação da Palavra, pelo testemunho, pelo diálogo e pelo espírito de serviço.

A família deve anunciar e testemunhar o Evangelho

37. Apesar do secularismo que permeia a cultura, manifestações éticas e um sentimento re-

Consciência evangélica e

---

[20] Cf. CNBB, op. cit., nn. 97 e 98.

[21] Cf. Mt 5,13-14.

ligioso perpassam o cotidiano da sociedade brasileira. Diante dessa perspectiva, é tarefa da Pastoral Familiar ajudar os casais, especialmente os mais jovens, a discernir, neste mundo contraditório, "os caminhos que conduzem a pessoa para sua realização plena, na comunhão com o Criador".[22] Os desafios pastorais que essa realidade apresenta exigem uma tomada de consciência evangélica na pessoal doação generosa de si mesmo e respostas adequadas às mudanças que ocorreram na sociedade brasileira nas últimas décadas.

respostas adequadas

38. O sacramento do Matrimônio é resposta de fé a um chamado de Deus para edificar a sociedade e a Igreja, a serviço da construção do Reino de Deus. Cabe à Pastoral Familiar promover todos os esforços para ajudar as famílias a resistirem à permissividade da sociedade secularizada e aos relativismos de ordem moral.

Matrimônio: resposta de fé para a construção do Reino

39. "Nenhuma sociedade humana pode correr o risco de permissivismo em questões de fundo relativas à essência do matrimônio e da família!".[23] Devem as autoridades, o Estado, a so-

Matrimônio, família e vida: grandes bens!

---

[22] Estudos da CNBB 20: Pastoral da Família, n. 17.

[23] João Paulo II. Carta às Famílias, n. 17.

ciedade e a Igreja defender vigorosamente a identidade da família, para que não caia na tentação de se deixar dominar por pseudovalores. A busca contínua da verdade permite compreender "quão grandes bens são o matrimônio, a família e a vida; e quão grande perigo constitui o desprezo de tais realidades e a menor consideração pelos supremos valores que fundam a família e a dignidade do ser humano".[24]

40. Ter consciência de que vivemos numa sociedade em que convivem famílias com distintos vínculos de união é um dos dados fundamentais para assumirmos com objetividade a ação pastoral de ajudar as famílias a professar e viver sua fé: a celebrar o sacramento do Matrimônio, se ainda não o fizeram, e a encontrar no Evangelho uma mensagem de esperança. Mesmo as famílias que se dizem católicas necessitam do primeiro anúncio fundamental da fé e da catequese, para que possam fazer ou renovar uma adesão pessoal e livre a Jesus Cristo e ao Evangelho. Com isso fortalecerão o amor conjugal e a união familiar. A Pastoral Familiar precisa ajudar os ca-

Necessidade do primeiro anúncio e catequese para a família

---

[24] João Paulo II, op. cit., n. 23.

sais a conhecer e testemunhar a verdade que vem de Deus, a perseverar nela – mesmo em meio à confusão e à desorientação produzidas pela sociedade – e a fortalecer o vínculo da "Igreja doméstica" com a comunidade eclesial.

41. Ao longo deste Diretório serão indicados diversos meios que podem ajudar a Pastoral Familiar a enfrentar esses desafios. Agora, apenas adiantaremos, a título de exemplo, alguns desses meios: um trabalho decidido e dedicado à formação dos jovens para a vida matrimonial; acompanhamento dos casais jovens que contraíram matrimônio, para ajudá-los a cumprirem sua missão; atendimento social e orientação, sobretudo às famílias mais pobres, para a paternidade e maternidade responsáveis, o cuidado, educação e promoção das crianças e adolescentes; promoção de programas e serviços que valorizam a vida e um lícito planejamento familiar que se oponha à cultura de morte; iniciativas para ajudar as famílias em crise e dificuldades; cuidado carinhoso para com os idosos; incentivo à ação evangelizadora da família entre as outras famílias do seu meio; atenção especial às famílias necessitadas e em crise.

O Diretório indica os meios para enfrentar os desafios

42. Seriam inumeráveis as iniciativas a serem tomadas na promoção dos valores familiares. Assinalamos aqui, também a título de exemplo, alguns deles nos quais depois insistiremos: que o tema "família" permeie, com freqüência, as celebrações litúrgicas, as homilias e os documentos das diversas pastorais e organismos da Igreja; que a problemática familiar seja matéria de estudo nos seminários, noviciados e faculdades de teologia; que as universidades, especialmente as católicas, sejam incentivadas a desenvolver pesquisas e estudos científicos sobre a família; que sejam formados agentes de pastoral com conhecimento científico e teológico para assumirem o compromisso de orientar as famílias sobre seus princípios éticos e espirituais;[25] que se desenvolva a capacidade crítica efetiva – principalmente diante da realidade e das idéias que os meios de comunicação social, especialmente a televisão, veiculam em relação ao matrimônio e à família – a fim de ajudar os católicos a encontrar seus próprios caminhos, partindo de autênticos valores humanos e cristãos.

Algumas iniciativas a serem tomadas

---

[25] Cf. João Paulo II. *Familiaris Consortio*, cit., n. 70.

43. A ação pastoral há de contribuir, dessa forma, para despertar nas famílias a criatividade necessária para descobrirem como viver evangelicamente em sua situação concreta.[26]

44. É importante que o bispo promova encontros do clero com casais especializados na vivência familiar, para o estudo do assunto. Haja um cuidado especial para que não se improvise uma Pastoral Familiar.

---

[26] Cf. Documentos da CNBB, 12. Orientações Pastorais sobre o Matrimônio, A 1.6.

Capítulo 2

CONCEITO E FINALIDADES DO MATRIMÔNIO

O matrimônio e a família: obra predileta de Deus

45. Deus, criador de tudo,[27] criou o homem e a mulher como efusão de seu amor. Amou-os infinitamente e lhes deu uma vocação ao amor e à comunhão.[28] A família, conseqüência dessa vocação, é, dentre todas as suas obras, a obra predileta de Deus nesse seu projeto de amor. Ela não é criação humana, nem do Estado, nem da Igreja. É constitutivamente ligada à natureza do homem e da mulher, para o bem e a felicidade pessoal, da sociedade e da Igreja.

Homem e mulher: efusão do amor de Deus...

46. Cada homem e cada mulher são chamados a realizar esse projeto. São chamados, por graça, a uma aliança com seu Criador, a oferecer-lhe uma resposta de fé e de amor que nin-

chamados à aliança com o Criador

---

[27] Cf. Gn 1,3–2,3.

[28] Cf. João Paulo II, op. cit., n. 11.

guém mais pode dar em seu lugar.[29] Para aceitarem participar desse projeto é preciso conhecê-lo. Esta é a finalidade do presente capítulo.

Chamados ao amor

47. Deus coloca no centro da criação o homem e a mulher, com suas diferenças e semelhanças, mas com igual dignidade. Deus criou-os *à sua imagem e semelhança*,[30] chamando-os à existência por amor e para amar.[31] Esta afirmação constitui o ponto de partida de toda a reflexão que a exortação apostólica *Familiaris Consortio* faz sobre o matrimônio e a família e sua missão no mundo de hoje.

Chamados por amor e para amar

48. De todas as criaturas visíveis, só o ser humano é capaz de conhecer e amar o seu Criador; ele é a única criatura na terra que Deus quis em si mesma; só ele é chamado a compartilhar, pelo conhecimento e o amor, a vida de Deus. Foi para este fim que o ser humano foi criado, e aí reside a razão fundamental da sua dignidade.[32]

Capazes de conhecer e amar seu Criador

---

[29] Cf. Catecismo da Igreja Católica, n. 357.

[30] Cf. Gn 1,26-27.

[31] João Paulo II. Ibidem.

[32] Cf. Catecismo da Igreja Católica, n. 356.

49. A imagem de Deus impressa no ser humano é a imagem de Deus-Trindade, que é essencialmente comunhão. Comunhão de amor, da qual o ser humano é chamado a participar. O amor é, portanto, a fundamental e originária vocação do ser humano. A unidade na Trindade é unidade de comunhão. Homem e mulher são chamados a viver essa unidade numa comunhão de amor, por meio do dom sincero de si mesmos. Contudo, há uma diferença profundamente constitutiva entre os dois. E essa conduz, no amor que os enlaça, à harmonia de uma perfeita e feliz unidade esponsal.

Deus-Trindade: Comunhão

50. Deus ama cada ser humano pessoalmente. Chama-o, pelo nome, à existência e quer levá-lo à plena realização de seu plano de amor, saciando os seus anseios mais profundos. Deus ama incondicionalmente, porque *Deus é Amor.*[33]

51. Jesus Cristo, ao tornar-se um de nós, elevou a dignidade do ser humano ao seu nível mais alto. Por sua ressurreição e ascensão, introduziu nossa humanidade no seio da própria Trindade, consumando em plenitude nossa vocação ao amor. Essa vocação encontra uma

Jesus Cristo: ápice da dignidade humana

---

[33] Jo 4,8.16. Mulieres Dignitatem, n. 7.

significação específica no matrimônio, considerado pela Igreja como uma "íntima comunhão de vida e de amor conjugal".[34]

O matrimônio natural

52. O matrimônio é projeto de Deus desde a criação do homem e da mulher. Mesmo antes de ter sido elevado por Cristo à dignidade de sacramento. Por isso, o matrimônio *natural* tem propriedades e finalidades que são essenciais tanto para cristãos como para não-cristãos.[35]

Matrimônio: projeto eterno de Deus

53. Esta verdade tem conseqüências importantes e profundas, já que todos os argumentos utilizados para salvaguardar, por exemplo, a indissolubilidade do matrimônio em face do divórcio, são válidos tanto para os católicos como para os não-católicos. O mesmo se poderia dizer a respeito da finalidade procriativa do matrimônio, ou das questões referentes aos anticoncepcionais, à esterilização, à inseminação artificial, à "clonagem" de seres humanos etc.

Conseqüências para católicos e não-católicos

---

[34] Concílio Ecumênico Vaticano II. *Gaudium et Spes, Constituição sobre a Igreja no mundo de hoje, n. 48.*

[35] Cf. CDC, cân. 1055.

54. A defesa que os católicos fazem dos valores do matrimônio cristão é substancialmente aplicável a todo verdadeiro matrimônio *natural*. Quando se tenta tutelar, por exemplo, em termos legislativos, a vida do nascituro, ou a estabilidade do vínculo conjugal, não se está pretendendo impor aos não-católicos valores e princípios específicos da Igreja. Isto, evidentemente, contrariaria o caráter não-confessional do Estado brasileiro e o princípio da liberdade de consciência. Pelo contrário, quando se age assim, estão-se reafirmando valores e princípios *comuns* a todo o gênero humano. Esses valores podem e devem ser pleiteados em benefício da dignidade humana, da mesma forma como se defendem a vida humana, a justiça social ou a igualdade de oportunidade para todos.

São valores e princípios comuns a todo ser humano

O conceito de matrimônio

55. O Código de Direito Canônico oferece um conceito de matrimônio muito simples e útil para nós: "a aliança matrimonial pela qual o homem e a mulher constituem entre si *uma comunhão para a vida toda* é ordenada por sua *índole natural* ao bem dos cônjuges e à geração e educação da prole, e foi elevada, entre

O matrimônio no Código de Direito Canônico: comunhão para a vida toda

os batizados, à dignidade de sacramento".[36] Essa oportuna e significativa referência à *índole natural* das finalidades do matrimônio exige que nos detenhamos nas suas raízes naturais.

As finalidades naturais

56. Não existe uma instituição social e jurídica que, como o matrimônio e a família, esteja tão estreitamente vinculada à natureza humana e à lei natural. O Direito divino positivo, a Teologia, o Direito Canônico regulamentam o matrimônio natural preexistente, consolidando as suas características mais nobres e elevadas.

Estreitamente vinculado à lei natural,

57. O matrimônio está intimamente ligado ao instinto sexual. A diferença de sexos, a atração física, afetiva e psicológica entre o homem e a mulher são a base natural do matrimônio. O instinto tende a satisfazer-se de forma heterossexual, tendo como resultado a procriação, que conserva e multiplica a espécie.

... ao instinto sexual e à diferença de sexos

58. A união do homem e da mulher consegue uma complementação não puramente biológica,

---

[36] Cf. Código de Direito Canônico, cân. 1055, § 1.

mas uma "integração" completa – afetiva, intelectual, espiritual e vital – dos valores da virilidade e da feminilidade, para os constituir *uma só carne.*[37]

59. Fruto natural dessa união são os filhos. Estes levam gravados na sua personalidade a união psicobiológica dos seus progenitores. O filho, poderíamos dizer, é a encarnação visível da unidade do homem e da mulher, vinculados pelo matrimônio.

Filhos: encarnação da unidade homem e mulher

60. É dessa forma que a família humana se conserva e se perpetua. Mas o crescimento da espécie humana tem características muito especiais. Não comporta apenas um nascimento e crescimento biológico, senão também psíquico e sociológico. O novo ser não nasce direta e imediatamente na sociedade global, mas no grupo familiar. E o trabalho educativo dos pais possibilita à família ser a porta de saída desse novo ser humano plenamente capaz para a sociedade. O parto biológico entrega o ser à vida. E – se se pode falar assim – o "parto sociológico" entrega à sociedade um ser humano formado, maduro.

Educação dos filhos: complemento necessário à procriação

---

[37] Cf. Gn 2,19-24.

61. Para chegar a constituir uma pessoa humana, no sentido pleno da palavra, a geração não basta. Sem a educação a geração é um ato imperfeito. Geração e educação são funções complementares. Essa verdade é constatada por muitos fenômenos sociais, como a delinqüência infantil e juvenil. Ela provém, em altíssimas percentagens, de lares desajustados onde não se exerce uma tarefa educativa adequada.

As finalidades do matrimônio na Bíblia

62. Estando, como já se disse, a instituição matrimonial profundamente ligada à natureza humana e aos seus instintos mais primordiais, não nos pode surpreender a íntima correlação existente entre as finalidades do matrimônio natural e os textos bíblicos. Encontramos, efetivamente, em dois textos do Gênesis, as mesmas finalidades que apresentou a análise do matrimônio natural:

Finalidades do matrimônio no Gênesis:

1. No primeiro relato indica-se a configuração **heterossexual** da humanidade e afirma-se claramente a procriação como uma das finalidades primordiais do casamento: "Deus criou o homem à sua imagem e criou-os homem e mulher; e os abençoou

1) a procriação é uma finalidade primordial

dizendo-lhes: *Sede fecundos, multiplicai-vos, enchei a terra e submetei-a*".[38]

2. No segundo texto, não se fala do fim pro-criativo, mas do amor como integração de personalidades: "Não é bom que o homem esteja só; dar-lhe-ei uma auxiliar que lhe seja semelhante [...] Por isso deixará o homem seu pai e sua mãe para unir-se à sua mulher; e serão os dois uma só carne".[39]

2) o amor como integração de personalidades

Eis as duas grandes finalidades do matrimônio: de um lado, a satisfação sexual, a união esponsal e o amor; e, de outro, a geração e educação dos filhos.

A satisfação sexual e o amor

63. A inclinação afetiva tem uma essencial tendência heterossexual, na qual reside a condição da complementaridade plena, tanto em sua dimensão corpóreo-sexual, como na sua profundidade pessoal, afetiva e espiritual. No ser humano até a dimensão biológico-instintiva pode e deve

Satisfação sexual: etapa de uma função mais elevada

---

[38] Gn 1,27-28.

[39] João Paulo II dedicou a sua primeira catequese para glosar precisamente esses textos do Gênesis, sublinhando especialmente a intervenção normativa de Cristo, que não se limita a citar o texto, mas acrescenta: "De maneira que já não são dois, mas uma só carne. Portanto, o que Deus uniu não separe o homem" (Audiência geral, 5/9/1979).

ser impregnada da afetividade, racionalidade e responsabilidade. A pessoa é uma unidade psicossomática. Todos os aspectos, corporais e espirituais, devem ser orientados para a comunhão plena de duas pessoas, de duas vidas.

64. Precisamente por isso, que na união conjugal, ao lado da finalidade puramente física, existe, de modo também natural, o "afeto marital" ou o amor, a integração das personalidades, a intercomunicação e a cooperação mútua.

65. A antropologia e a psiquiatria experimental contemporânea nos mostram que, quando se exclui ou se marginaliza o compromisso afetivo nas relações interpessoais, a relação humana fica afundada, perturba-se e desce a um nível mais baixo do que o das relações entre animais. O homem e a mulher, ainda que funcionalmente possam entrelaçar-se como seres anônimos, de fato, nem o são nem jamais o podem ser. E quando se tratam como simples objetos de prazer, cometem sempre uma violência, um atentado contra a essência da sua humanidade. A repressão da dimensão afetiva, nesses casos, gera sentimentos de culpa, subestimação, nojo e náusea, inclusive entre os não-cristãos. E isso acaba por cercar

a pessoa num processo de neurose. A reorientação da sexualidade humana no marco da antropologia cristã exige a satisfação das suas quatro dimensões: generativa, afetiva, cognoscitiva e espiritual.

66. Quando se dá esta *união integral*, que partindo do sexual chega até o religioso e espiritual, realmente se realiza essa comunhão da vida toda. É isso o que verdadeiramente significa o matrimônio.

67. Certamente, a sexualidade humana tem algo de comum com aquela meramente animal.[40] Também ela pode ser ditada pelo instinto, manifestando-se de maneira predominantemente genital, tendo como meta apenas o alívio da libido e não se preocupando com os sentimentos. Nesse caso, o outro se torna um mero objeto de uso: o compromisso é inexistente; a escolha do parceiro se dá a partir de meros estímulos sensíveis; a realização pessoal é fugaz, física; a fecundidade é meramente acidental. Na antiga Grécia, esse nível de amor chamava-se *amor de apetência* e era confiado ao amparo da deusa *Afrodite*.

Diversos "tipos" de amor: amor de apetência

---

[40] Cf. Pontifício Conselho para a Família. Sexualidade Humana: Verdade e Significado, Introdução.

68. No entanto, a sexualidade humana comporta um segundo nível ou dimensão mais profunda. Na cultura grega chamava-se *amor de complacência* e tinha *Eros* como seu "deus protetor". Nesse nível de amor, a manifestação não é só genital, mas também afetiva. Nele se busca a realização de sonhos e se anseia pelo fim da solidão. Porém ainda é um nível bastante superficial da realidade da pessoa humana. No *amor de complacência,* o compromisso é transitório, o sentimento básico é egocêntrico e a sua manifestação característica é o ciúme. A escolha do parceiro baseia-se na auto-satisfação. Em conseqüência, a realização pessoal é frágil, porque depende dessa auto-satisfação (complacência) que a outra parte possa oferecer.

amor de complacência

69. Um nível ainda mais profundo da vivência humana da sexualidade é o chamado *amor de benevolência,* que os gregos dedicavam à deusa *Filia* (a raiz latina *benevolere* significa querer o bem do outro). Essa deusa é a guardiã do amor que a mãe dedica aos seus filhos, modelo dessa entrega que "quer o bem" do outro. No *amor de benevolência*, não estão envolvidas só as dimensões física e afetiva da pessoa, mas a pessoa inteira, o seu bem integral. Sua meta é um encontro profundo.

amor de benevolência

O sentimento é o de respeito mútuo, de doação e responsabilidade. O compromisso é permanente. A escolha e a dedicação total ao parceiro se dão pelo que ele é, e não pelo que se gostaria que ele fosse. Então, a realização mútua e pessoal que daí decorre é estável, e redunda na comunhão completa das duas personalidades.

70. Mas a dimensão ou nível especificamente cristão do amor é o do amor *ágape*, que poderíamos denominar o *amor de transcendência*. Sua meta é a comunhão. O sentimento é o da oblação da própria vida. É o mandamento novo de Jesus: "Amai-vos uns aos outros como eu vos amei".[41] O "amar ao próximo como a si mesmo" era já conhecido no Antigo Testamento,[42] mas Jesus vem apresentar um critério objetivo para o amor cristão: é o amor com que ele mesmo amou a humanidade. É o amor de quem dá a vida por seus amigos.[43] Mais ainda: é o amor de quem é capaz de amar os próprios inimigos,[44] não porque inimigo, mas porque filho de Deus. É sair de

amor ágape: amor de transcendência

---

[41] Jo 13,34.

[42] Cf. Lv 19,18.

[43] Cf. Jo 15,13.

[44] Cf. Mt 5,43-44.

si mesmo, em direção ao outro, comprometendo-se e acolhendo o outro no que ele tem de único e irrepetível.

71. Na verdade, as dimensões ou níveis mais profundos de vivência do amor e da sexualidade não anulam a dimensão biológica, hormonal ou erótica. Integram-nos numa ordem e sentido de valores superiores. Ficar apenas no primeiro patamar, o *afrodisíaco,* é muito primitivo, grotesco e rudimentar. Precisa ser superado. Porém, não parecem pensar assim certos tipos de "sexólogos", que preconizam o sexo sem amor. A clássica cultura greco-romana consideraria alguns aspectos da atual *revolução sexual* como uma verdadeira *involução sexual*: um regresso ao estágio mais rudimentar e primitivo de uma genitalidade puramente biológica ou instintiva. Dá-se aqui uma inversão degradante de valores.

No amor conjugal todos esses níveis se integram

Paternidade e maternidade responsáveis e os métodos naturais de regulação da fertilidade

72. O aspecto unitivo do ato conjugal está inseparavelmente unido ao aspecto procriativo, que é fundamental para a perpetuação da

O verdadeiro amor está aberto à vida

espécie. Essa dimensão da fecundidade é sublime: é participação na própria fecundidade de Deus, autor da vida. Assim, a entrega corporal se torna símbolo de uma entrega ainda mais profunda e plena: a da própria vida compartilhada para sempre. O verdadeiro amor conjugal que une os esposos deve ser plenamente humano, exclusivo e aberto à nova vida, pois existe – diz a Encíclica *Humanae Vitae* – "uma conexão inseparável, que Deus quis e que o homem não pode alterar por sua iniciativa, entre os dois significados do ato conjugal: o significado unitivo e o significado procriador".[45]

73. A paternidade não é apenas um instinto. É uma altíssima vocação. E essa vocação tem como pauta a responsabilidade. Em relação às condições físicas, econômicas, psicológicas e sociais, a paternidade responsável exerce-se tanto com a deliberação ponderada e generosa de fazer crescer uma família numerosa, como com a decisão tomada por motivos graves e com respeito pela lei moral, de evitar temporariamente, ou mesmo por tempo indeterminado, um novo nascimento.

Pressupostos da paternidade responsável

---

[45] Paulo VI. *Humanae Vitae*, Carta Encíclica sobre a regulação da natalidade, n. 12.

74. As conseqüências do nexo natural e inseparável entre a relação conjugal e a procriação próprias da *paternidade responsável* estão claramente enunciadas na mesma Encíclica quando, mostrando os pontos essenciais da visão humana e cristã do matrimônio, diz: "É de excluir, como o Magistério da Igreja repetidamente declarou, a esterilização direta, tanto perpétua como temporária, e tanto do homem como da mulher; é, ainda, de excluir toda ação que, ou em previsão do ato conjugal, ou durante a sua realização, ou também durante o desenvolvimento das suas conseqüências naturais, se proponha, como fim ou como meio, tornar impossível a procriação."[46] O Santo Padre está se referindo à ilicitude de todo o tipo de métodos anticoncepcionais não naturais.

O nexo entre relação sexual e procriação

75. "Se existem motivos sérios para distanciar os nascimentos, que derivem ou das condições físicas ou psicológicas dos cônjuges, ou de circunstâncias exteriores, a Igreja ensina que então é lícito ter em conta os ritmos naturais imanentes às funções geradoras, para usar do matrimônio nos períodos infecundos e, deste modo, regular a natalidade sem ofender os

---

[46] Idem, n. 14.

princípios morais que acabamos de recordar. A Igreja é coerente consigo própria quando assim considera lícito o recurso aos períodos infecundos, ao mesmo tempo que condena sempre como ilícito o uso dos meios diretamente contrários à fecundação, mesmo que tal uso seja inspirado em razões que podem parecer honestas e sérias.

76. "Na realidade, entre os dois casos existe uma diferença essencial: no primeiro, os cônjuges usufruem legitimamente de uma disposição natural; enquanto que, no segundo, eles impedem o desenvolvimento dos processos naturais. É verdade que em ambos os casos os cônjuges estão de acordo na vontade positiva de evitar a prole, por razões plausíveis, procurando ter a segurança de que ela não virá; mas é verdade também que somente no primeiro caso eles sabem renunciar ao uso do matrimônio nos períodos fecundos, quando, por motivos justos, a procriação não é desejável, dele usando depois nos períodos agenésicos, como manifestação de afeto e como salvaguarda da fidelidade mútua. Procedendo assim, eles dão prova de amor verdadeiro e integralmente honesto".[47]

Diferença entre os métodos naturais e os artificiais

---

[47] Idem, n. 16.

77. "A difusão dos métodos naturais – esclarece João Paulo II – não pode limitar-se a uma simples instrução, desvinculada dos valores morais próprios da educação para o amor. Pois não é possível praticar os métodos naturais como uma variante lícita de uma opção contra a vida, que seria substancialmente análoga à que inspira a anticoncepção: só se existir uma disponibilidade fundamental à paternidade e à maternidade, entendidas como colaboração com o Criador".[48]

78. Essa doutrina da Igreja não representa algo negativo ou repressivo. Muito pelo contrário, significa algo tão positivo como a opção pela vida e não pela morte; como a defesa do natural e a rejeição do antiecológico e artificial; como o respeito das leis naturais gravadas pelo Criador no coração humano, em face de tanta manipulação artificial no organismo e nos processos de procriação.

A doutrina da Igreja não é negativa ou repressiva

79. Temos consciência de que o ideal apresentado pela Igreja encontra não poucas dificuldades, limitações e bloqueios difíceis de serem superados. A misericórdia de Deus é infinita

---

[48] Discurso proferido em 14 de dezembro de 1990.

para quem se esforça por viver este ideal e ainda não consegue. Confiando-se à graça de Deus e lutando para viver o verdadeiro amor, Deus manifestará sua ternura e seu perdão apesar das fraquezas e das quedas.

80. O Santo Padre Paulo VI, na Encíclica *Humanae Vitae,* compreende muito bem as dificuldades existentes, mas compreende igualmente, de maneira profunda, o que significa a voz da fé e a fidelidade à doutrina de Cristo a respeito dessa matéria. Por isso, diz aos sacerdotes: *No meio das suas dificuldades, que os cônjuges encontrem sempre na palavra e no coração do sacerdote o eco fiel da voz do amor do Redentor.*

A Igreja compreende as dificuldades dos cônjuges

81. Essa frase destacada já preliminarmente faz parte de uma declaração da *Humanae Vitae*: "Diletos filhos sacerdotes, que por vocação sois conselheiros e guias espirituais singulares das famílias: dirigimo-nos agora a vós, com confiança. A vossa primeira tarefa – especialmente para os que ensinam a teologia moral – é expor, sem ambigüidade, os ensinamentos da Igreja acerca do matrimônio. Sede, pois, os primeiros a dar o exemplo, no exercício do vosso ministério, do leal acatamento, interno e externo, do Magistério da Igreja [...].

Importante tarefa dos sacerdotes nesse sentido

82. "Sabeis também que é da máxima importância que [...], tanto no campo da moral como no do dogma, todos se atenham ao Magistério da Igreja e falem a mesma linguagem".[49]

83. "Não minimizar em nada a doutrina salutar de Cristo é forma de caridade eminente para com as almas. Mas isso deve andar sempre acompanhado também de paciência e de bondade de que o mesmo Senhor deu exemplo ao tratar com as pessoas. Tendo vindo para salvar e não para julgar, ele foi intransigente com o mal, mas misericordioso para com os homens [...]. Ensinai aos esposos o necessário caminho da oração, preparai-os para recorrerem com freqüência e com fé aos sacramentos da Eucaristia e da Penitência, sem se deixarem jamais desencorajar pela sua fraqueza".[50]

84. A Igreja aprova e admite, por motivos sérios (HV, n. 16), como perfeitamente moral a continência periódica, os métodos de regulação da natalidade baseados na auto-observação e o recurso aos períodos infecundos. Estes métodos respeitam o corpo dos esposos, animam a ternura entre eles e favorecem a educação

Castidade conjugal e os Métodos Naturais de Planejamento Familiar

---

[49] Idem, n. 28.

[50] Idem, n. 29.

de uma liberdade autêntica. Porém, essa realidade torna-se "impossível se a virtude da castidade conjugal não for cultivada com sinceridade".[51] A este respeito, sem pretender fazer uma exposição exaustiva dos Métodos Naturais, citamos os mais conhecidos e mais eficazes: o Método da Temperatura Basal, o Método da Visualização da Saliva no Microscópio e, especialmente, o Método de Ovulação Billings. Este Método é atualmente o mais usado. Consiste na observação dos dias férteis femininos e na abstinência do ato conjugal nestes dias, aparece como de altíssima eficácia. A Organização Mundial da Saúde lhe outorga no Brasil o índice de 99% de eficiência.[52] Em alguns centros de planejamento familiar ensina-se a combinar o Método Billings com o da Temperatura Basal e o da Visualização da Saliva no Microscópio, utilizando um aparelho simples de uso escolar. Este sistema confere uma segurança que se aproxima de 100% de eficácia.

---

[51] Cf. Concílio Ecumênico Vaticano II. *Gaudium et Spes*, op. cit., nn 51, § 3.

[52] Para um aprofundamento em relação a todas as vantagens como o bem do casal, a saúde, os custos e outros benefícios do Método de Ovulação Billings, consultar: "O Método Billings", dra. Evelyn Billings, São Paulo, Paulus, 183.

A questão do aborto em casos especiais

85. Para falarmos do aborto é necessário colocar, inicialmente, que a Igreja é extremamente sensível aos problemas da mulher, como a gravidez não desejada, a decorrente de uma relação forçada ou a que traga algum risco para a saúde da mãe, ou ainda a situação extrema de um feto que não tem nenhuma chance de sobreviver ou nascerá com uma doença incurável. Diante dessas situações dolorosas é preciso apresentar, antes de mais nada, uma questão fundamental: existe ou não existe vida humana a partir da concepção? Pode-se afirmar – como o fazem alguns autores – que o embrião é apenas uma *pessoa em potencial*?

A Igreja é sensível aos problemas da gravidez anômala

86. Essa questão não envolve apenas uma problemática teológica, moral ou religiosa, mas eminentemente científica. O que nos diz a ciência a esse respeito? A ciência demonstra insofismavelmente[53] – com os recursos mais

O início da vida humana a partir da fecundação

---

[53] Esta questão não envolve apenas uma problemática teológica, moral ou religiosa, mas eminentemente científica. É o que afirma Jérôme Lejeune, descobridor da Síndrome de Down (mongolismo): "Não quero repetir o óbvio, mas, na verdade, a vida começa na fecundação. Quando os 23 cromossomos masculinos se encontram com os 23 cromossomos da mulher, todos os dados genéticos que definem o novo ser humano já estão presentes. A fecundação é o marco do início da vida. Daí para a frente, qualquer método artificial para destruí-la é um assassinato". Lejeune, J. The Williams Allan Memorial Award Lecture on the Nature of Men. The American Journal of Human Genetics. Vol. 22, n. 2, março 1970. p. 119.

modernos, como os potentes microscópios eletrônicos – que o ser humano recém-concebido tem já o seu próprio patrimônio genético e o seu próprio sistema imunológico diferente da mãe. É o mesmo ser humano – e não outro – que depois se converterá em bebê, criança, jovem, adulto e ancião.

87. O processo vai-se desenvolvendo suavemente, sem saltos, sem nenhuma mudança qualitativa. Não é cientificamente admissível que o produto da concepção seja nos primeiros momentos somente uma "matéria germinante". De um ponto de vista rigorosamente científico, depois da fecundação não há, em nenhum momento, uma mudança da "não-vida" à vida; do "não-indivíduo" ao indivíduo; da "vida não-humana" à humana.

O embrião não é uma "pessoa em potencial" que pode ser abortada

88. Aceitar, portanto, que depois da concepção existe um novo ser humano, independente, não é uma hipótese metafísica, mas uma evidência experimental. Nunca se poderá falar de embrião como de uma "pessoa em potencial", que está em processo de personalização e que nas primeiras semanas pode ser abortada. Porque poderíamos perguntar-nos: em que momento, em que dia, em que semana começa a ter a qualidade de um ser humano? Hoje não é; amanhã já é. Isto, obviamente, é cientificamente absurdo.

89. O segundo ponto é uma decorrência do primeiro. Se o embrião é um ser humano, o problema do aborto não é somente um problema religioso, mas de ética natural: envolve um homicídio.

O aborto implica um homicídio

90. Não é correto alegar que o Estado Brasileiro, juridicamente leigo, não pode tomar uma posição "católica", manifestando-se contra o aborto. Ninguém poderia sustentar que suprimir a vida de um adulto representa um problema religioso, já que é fundamentalmente uma questão humana e jurídica independente de qualquer conotação religiosa. E entre um adulto e um bebê, entre um bebê e um embrião não existe, como define a ciência e já dissemos, nenhuma diferença qualitativa, essencial.

A defesa da vida não é só uma questão religiosa

91. O que diz respeito ao estupro, ou à má formação do feto – como é o caso da anencefalia – está também dentro da mesma avaliação.

92. O ser humano, fruto de um estupro, não pode ser suprimido por não ser desejado. Ele não tem culpa. Tem os seus próprios direitos inalienáveis, diferentes dos da mãe. A mãe não tem o direito de decidir se ele deve ou não continuar existindo. Se ninguém seria capaz de matar uma criança depois de nascida, porque veio à existência como conseqüência de um estupro, também não se poderia suprimir a vida do nascituro no mesmo caso, porque –

voltamos a repetir – a diferença entre um estado e outro é puramente acidental.

93. A questão pode equacionar-se da mesma forma quando se trata do feto anencefálico. Há quem diga que o feto anencefálico está longe de ser uma pessoa; é uma realidade biológica irreparavelmente deformada que não pode ser considerada pessoa. Nós, contudo, perguntaríamos: essa criatura tem vida ou não tem vida? Como, evidentemente, vive, é um ser humano que não pode ser trucidado pelo aborto. Seríamos capazes de matar um pobre ancião, um acidentado que perdeu a capacidade de falar, de olhar, de comer, só porque aparentemente tenha uma vida vegetativa? Poderíamos matar uma criança débil mental, excepcional, sem cometer um homicídio?

A questão da "vida inviável"

94. Por que essa pressa em suprimir uma vida, sem saber quanto tempo ela vai continuar existindo? Não é verdade que a sociedade é ainda tão zelosa em proteger a vida humana, que para extirpar um órgão com destino a um transplante não considera suficiente a probabilidade de que o doador tenha falecido, mas exige rigorosos critérios científicos para demonstrar a sua morte? Não se pode apreciar isso também vivamente nos casos dramáticos

O respeito à vida em todos os casos

de soterramento de vítimas, quando há, por exemplo, desabamento de edifícios, em que os trabalhos de resgate prosseguem até que haja certeza absoluta de que ninguém ficou vivo embaixo dos escombros?

95. A respeito desse tema temos de ser conseqüentes com a ciência. A vida tem de ser respeitada, ainda que não seja desejada pela mãe, ainda que se tenha a certeza de que o novo ser vai morrer. A lei não pode permitir que o seio da mãe – o lugar que deveria ser o mais seguro para o bebê – se torne o lugar mais perigoso, e os progenitores, os algozes que decretam a sua sentença de morte.

O ventre materno tem de ser o lugar mais seguro para o filho

96. Embora reconheçamos que essas situações envolvam uma experiência humana muito sofrida, que exija até um sacrifício heróico, devemos levar em consideração que o ser que vai nascer tem a sua vida própria, independente da decisão de outrem. Ele possui o direito inalienável de viver. Deus é o autor da vida. Não o homem. Temos de ser coerentes.[54] O aborto em todos os casos representa uma incoerência científica e uma incongruência ética.

O direito inalienável à vida do nascituro

---

[54] CNBB. Setor Família e Vida. Questões de Bioética: o valor, a beleza e a dignidade da vida humana. Fórum de Bioética 2001.

Desafios e orientações pastorais a respeito da paternidade e maternidade responsáveis

97. "O matrimônio e o amor conjugal, por sua própria natureza, ordenam-se à procriação e à educação dos filhos, que do matrimônio são o dom maior. Segundo o plano de Deus ('Crescei e multiplicai-vos...', Gênesis 1,28), os pais são cooperadores do Criador na tarefa de transmitir a vida e educar os filhos. A fecundidade do matrimônio não é, portanto, como já se disse, algo meramente biológico, mas uma missão profundamente humana e, num certo sentido, divina: formar pessoas, irradiar a vida, criar condições para o desenvolvimento integral de todos os seres humanos. Mesmo os casais que, porventura, estiverem impedidos de participar da fecundidade biológica, poderão participar fecundamente dessa missão mais ampla".[55]

A fecundidade do matrimônio é missão humana e divina

98. Nesse contexto, não se pode deixar de perceber e condenar o papel cada dia mais preponderante dos laboratórios na transmissão da vida. Em vez de colaborar, como suporte, para que o casal possa exercer sua paternidade e

O perigo da fecundação artificial e da clonagem

---

[55] Estudos da CNBB 20. Pastoral da Família, n. 113.

maternidade em consonância com as expressões características do amor conjugal, a biotecnologia freqüentemente substitui essas expressões. Mecanismos sempre mais sofisticados tendem a abrir caminho para o que se denomina "produção independente", por meio da inseminação e da fecundação artificiais. Isso sem falar de processos ainda mais ameaçadores à originalidade característica do ser humano, como uma eventual clonagem.[56]

99. A Igreja defende a vida como um dom de Deus. Mesmo diante do sofrimento e das adversidades sociais e naturais, ela rejeita as concepções de fundo pessimista e egoísta que acabam por desvalorizar a procriação e a vida. "Contra o pessimismo e o egoísmo que obscurecem o mundo, a Igreja está do lado da vida: e em cada vida humana sabe descobrir o esplendor daquele 'Sim', daquele 'Amém' que é o próprio Cristo".[57]

A Igreja está do lado da vida

Essa problemática apresenta não poucos *desafios pastorais:*

---

[56] Cf. MOSER, Antônio. *Biotecnologia e Bioética: para onde vamos?* Petrópolis, Vozes, 2004.

[57] João Paulo II. *Familiaris Consortio*, op. cit., n. 30.

100. Dados do censo demográfico brasileiro realizado no ano 2000 demonstram uma redução na composição das famílias brasileiras em relação ao número de filhos. Há casais que decidem não ter filhos ou diminuem seu número unicamente por motivos egoístas. Em muitos desses casos, utilizam-se meios contraceptivos. Os adolescentes e jovens, muitas vezes estimulados pelos próprios pais, começam prematuramente a vida sexual: utilizam anticoncepcionais e não têm nenhum compromisso de casamento. Iniciam-se, assim, numa sexualidade que nada tem de humano nem de cristão.

101. Urge informar adequadamente e em suficiente medida a maior parte da população sobre o que significam a paternidade e a maternidade responsáveis, e divulgar os métodos naturais de planejamento familiar. Apesar dos muitos esforços já existentes, temos de reconhecer que "a palavra da Igreja, que defende apenas os métodos naturais para o planejamento familiar, tem sido pouco levada em consideração, mesmo por casais de vivência cristã intensa e engajamento pastoral".[58]

---

[58] CNBB. Campanha da Fraternidade 1994, op. cit., n. 88.

102. Inclusive entre os presbíteros e agentes de Pastoral Familiar, sejam eles casais, diáconos, consagrados ou consagradas, há contradição e incoerência quanto ao uso dos métodos anticoncepcionais e à obediência ao Magistério da Igreja. Paralelamente a isso, existe uma distribuição em massa de anticoncepcionais e um uso, cada vez mais freqüente, de preservativos.[59] A doutrina do Magistério sobre todos esses pontos tem de ser exposta com fidelidade e clareza, como se expressa Paulo VI. Devem ser apresentados, também, os fundamentos da doutrina da Igreja, provenientes da lei natural e dos preceitos bíblicos, sobretudo com relação aos métodos naturais de regulação da natalidade, que em nada ferem a dignidade da pessoa nem da vida.

Coerência nas questões dos métodos de regulação da natalidade

103. O massacre provocado pelo aborto produz anualmente no país milhões de vítimas, enquanto assistimos periodicamente a sucessivas tentativas de tornar a sua legalização definitiva e total.

104. É preciso ter em mente que existem poderosos interesses econômicos e políticos de organismos financeiros e de laboratórios que

Aborto e interesses econômicos

---

[59] Cf. Conclusões de Santo Domingo, op. cit., nn. 219 e 220.

buscam mercados para seus produtos anticoncepcionais e abortivos. Esses grupos, sem escrúpulos, utilizam qualquer estratégia para fazer de seus produtos uma necessidade permanente, quase natural.

Em face desses desafios, não se hão de omitir as devidas *diretrizes pastorais*:

105. Oferecer "orientação honesta e eficaz sobre a regulação da procriação a todos os que, segundo aqueles critérios para uma fecundidade responsável, se sentem moralmente obrigados a limitá-la".[60] É importantíssimo ajudar os casais a tomarem consciência dos efeitos colaterais dos métodos anticoncepcionais, que prejudicam a saúde. De igual modo, que se desmascarem, com clareza, aqueles que também são abortivos. Aqui a Pastoral Familiar precisa dar passos mais ousados e concretos e estar preparada para oferecer uma sólida orientação aos casais. Também os Movimentos familiares, no anúncio de sua espiritualidade conjugal e familiar, são chamados a esclarecer essas questões com segurança aos seus membros.

---

[60] Estudos da CNBB 12. Pastoral da Família, n. 119.

106. Manter a preocupação pastoral de promover e defender a vida, acima de tudo, como dom de Deus e direito inviolável. Conscientizar os pais e todos os cristãos de que os filhos são uma bênção de Deus e destacar a alegria da paternidade e da maternidade. "Proclamar que Deus é o único Senhor da vida, que o homem não é, nem pode ser amo ou árbitro da vida humana. Condenar e rejeitar qualquer violação exercida pelas autoridades a favor da anticoncepção, da eutanásia, da esterilização e do aborto provocado. Igualmente, denunciar as políticas de alguns governos e organismos internacionais que condicionam a ajuda econômica à implementação de programas contra a vida".[61]

Os filhos são sempre uma bênção de Deus

107. Rejeitar não só "toda mentalidade contraceptiva, enraizada no egoísmo hedonista, que desvirtua o sentido do ato conjugal para torná-lo mero instrumento de prazer egoísta, mas também as decisões *a priori* a respeito do número dos filhos, tomadas de antemão, sem disponibilidade generosa e atenta à vontade de Deus",[62] já que isso repercute negativamente na vida moral dos cônjuges, na perpetuação da espécie e na convivência social.

Rejeitar a mentalidade contraceptiva e hedonista

---

[61] Conclusões de Santo Domingo, op. cit., n. 223.

[62] Estudos da CNBB 12, op. cit., n. 117.

108. Convidar assessores com formação em ciências teológicas e humanas, bem como cientistas e casais cristãos bem preparados e fiéis à Igreja, para colaborarem com os bispos e as coordenações pastorais, "a fim de iluminar melhor os fundamentos bíblicos, as motivações éticas e as razões científicas para a paternidade responsável, para a decisão livre, de acordo com uma consciência bem formada, segundo os princípios da moral, tanto no que tange ao número de filhos que se pode educar, quanto aos métodos, segundo uma autêntica paternidade responsável. O fruto desses trabalhos será a promoção de programas e serviços que difundam os métodos naturais de planejamento e elaborem manuais de educação para a sexualidade e o amor, dirigidos a crianças, adolescentes e jovens".[63]

Solicitar a colaboração de especialistas

109. Desenvolver programas de difusão dos métodos naturais para o planejamento da fertilidade conjugal e para uma paternidade e maternidade responsáveis. Explicar os seus fundamentos biológicos e psicológicos. Apresentar, ao mesmo tempo, a visão antropológica da doutrina da Igreja, uma vez que esses mé-

Promover e difundir os métodos naturais

---

[63] Conclusões de Santo Domingo, op. cit., n. 226.

todos são uma conseqüência dessa visão. A Igreja, em diversas ocasiões, fomenta a promoção de centros onde se ensinem, de forma científica e prática, esses métodos naturais. Entre outros documentos poderíamos citar as "Conclusões da Conferência de Puebla": "Para conseguir uma honesta regulação da fecundidade, requer-se promover a existência de centros onde se ensinem cientificamente os métodos naturais por meio de pessoal qualificado. Esta alternativa humanista evita os inconvenientes éticos e sociais da anticoncepção e da esterilização, que foram, historicamente, passos prévios à legalização do aborto" (n. 611). Esta iniciativa não deveria ficar, apenas, em um objetivo ideal. Cada diocese deveria tentar, de uma forma efetiva e corajosa, implantar nos seus quadros pastorais um ou vários centros onde se ensinasse, de forma pedagógica, o aprendizado prático desses métodos, sem omitir o embasamento doutrinal necessário, sublinhando as suas raízes naturais e morais. Em alguma diocese do Brasil tem-se montado uma estrutura mais completa. Os "Cursos de paternidade e maternidade responsáveis e Métodos Naturais de Regulação da Fertilidade" formam, também, instrutores especializados – sem necessidade que sejam agentes de saúde – que trabalham em cada comunidade. Eles se integram em núcleos organizados que, com horários semanais, fornecem instrução aos membros das suas comunidades, especialmente das mais carentes. Essa proposta, já concretizada em algumas dioceses, não deixa de ser um grande desafio para todas as demais.

110. Testemunhar, explicitar e ensinar de forma clara a doutrina da Igreja sobre o direito à vida humana desde o momento da concepção. Os agentes de pastoral, presbíteros, consagrados, consagradas e o povo cristão em geral devem estar preparados para orientar o povo de Deus e dialogar com aqueles que não aceitam os princípios evangélicos no que se refere à vida desde a concepção. Prestar ajuda às mulheres que praticaram aborto e oferecer uma atitude misericordiosa que permita, a quem sofre por causa desse ato nefasto, adquirir, pela conversão, a paz interior e a determinação de não voltar a praticá-lo.

Defender o direito à vida desde a concepção

111. Denunciar a prática generalizada de abortos em nosso País: ainda que as leis não admitam o aborto oficialmente, esse crime abominável continua se realizando de maneira clandestina, apoiado por campanhas que se em-

Denunciar todas as manifestações a favor do aborto

penham numa aceitação social do aborto para justificar sua legalização. A Pastoral Familiar, em sintonia com os Movimentos familiares e instituições dedicadas ao planejamento natural da natalidade, têm a tarefa de subsidiar os casais, para que estes se posicionem de maneira crítica e evangélica diante do gravíssimo problema do aborto, evitando, desse modo, qualquer forma de cumplicidade.

112. Exercer o direito de exigir do poder civil uma sadia e justa política social a favor da família. Em particular, deve-se mencionar a obrigação que o Estado tem de proteger o direito à vida e de adotar todas as medidas possíveis contra a prática do aborto e para a diminuição da mortalidade infantil, além de colaborar para o bem-estar das famílias.

113. Lutar para que as campanhas contra as doenças sexualmente transmissíveis valorizem a castidade e as uniões monogâmicas, fiéis e exclusivas. Essas são as únicas soluções moralmente lícitas e verdadeiramente eficazes para combater tais doenças. Embora algumas campanhas despertem para a consciência do perigo das relações sexuais promíscuas, baseiam sua eficácia somente no uso do preservativo.

Participação ativa nas questões civis de defesa da vida

114. Incentivar, sobretudo nas universidades católicas, o funcionamento de centros de formação em bioética, destinados à orientação dos profissionais de saúde, cientistas e educadores, para o desenvolvimento de sua missão em favor da vida. Há necessidade de uma atenção especial com relação à "clonagem terapêutica", pois esta carrega consigo sérias ambigüidades, tanto na compreensão do ser humano quanto na transformação da biotecnologia numa das mais lucrativas indústrias. A Igreja considera um crime contra a vida humana a clonagem de embriões tanto para fins reprodutivos quanto para fins terapêuticos. A vida humana não pode ser vista como um objeto do qual se possa dispor ao bel-prazer. Ela é a realidade mais sagrada e inviolável que existe sobre a face da terra. Não se pode permitir a clonagem humana, nem para fins terapêuticos, nem para fins reprodutivos, porque sempre é uma manipulação da vida humana. Além disso, pode trazer como conseqüência a destruição de um embrião humano. É ilícito matar um ser inocente, mesmo que seja em benefício da sociedade em geral. É preciso acrescentar que toda clonagem, em sentido estrito, também a "terapêutica", é em primeiro lugar e por essência reprodutiva e

Orientar o encaminhamento do problema da "clonagem terapêutica"

por este motivo, também, há de rejeitar-se. Com efeito, contradiz um princípio basilar da lei natural e da doutrina da Igreja: Existe "uma conexão inseparável, que Deus quis e que o homem não pode alterar por sua iniciativa, entre os dois significados do ato conjugal: o significado unitivo e o significado procriador" (Paulo VI, *Humanae Vitae*, n. 12). A vida não é produto artificialmente emanado de um laboratório biotécnico, mas fruto inigualável de um ato de amor: vida e amor reclamam-se mutuamente; o amor dos cônjuges é o gerador da vida e esse amor paterno e materno é, ao mesmo tempo, o que faz crescer e enriquecer essa mesma vida.

115. Brevemente e de maneira didática, portanto não seguindo uma rigidez científica, abordemos a questão das células-tronco. Por "células-tronco" (também chamadas células-mães, estaminais, troncais ou germinais), designam-se, comumente, aquelas que são capazes de dar origem a diferentes tipos de tecidos. São encontradas não apenas nos embriões, mas também no cordão umbilical e em indivíduos já desenvolvidos, por exemplo, na medula óssea e no cérebro. Estas últimas são chamadas de células-tronco adultas. As pesquisas

> Esclarecer a questão das "células-tronco" e o seu uso para fins terapêuticos

desenvolvidas ultimamente trazem grandes esperanças para a humanidade, pois acenam com possíveis tratamentos para doenças como diabetes, Alzheimer, Parkinson e outras. No entanto, os aspectos éticos não podem ser deixados de lado, por maiores que sejam os benefícios esperados. Muitas linhas de pesquisa têm utilizado embriões humanos para obter células-tronco a serem utilizadas nos experimentos, com a conseqüente destruição dos embriões. Como já se falou anteriormente, isto é moralmente inaceitável, pois trata-se de uma vida humana que está sendo manipulada e destruída. Porém, outros pesquisadores já desenvolvem trabalhos a partir de células-tronco adultas, com resultados promissores, obtidas sem nenhum risco para a vida humana. Este último tipo de pesquisa é louvável e digno de ser estimulado, pois busca o avanço da ciência e o bem da humanidade sem desrespeitar a vida. A procura pela obtenção de resultados rápidos não pode ser justificativa para o desrespeito a princípios éticos fundamentais como o respeito à vida humana.[64]

---

[64] Para uma abordagem mais aprofundada, recomendamos a leitura da "Declaração sobre a Produção e o Uso Científico e Terapêutico das Células Estaminais Embrionárias Humanas", documento da "Pontifícia Academia para a Vida".

Capítulo 3

A EDUCAÇÃO DOS FILHOS

116. Mencionamos anteriormente que sem educação a geração é um ato imperfeito. Pois bem, afirmamos agora, com a mesma ênfase, que "os pais são os primeiros e principais educadores, e a família, a primeira escola de virtudes".[65] Diz a Familiaris Consortio: "O dever de educar mergulha as raízes na vocação primordial dos cônjuges à participação na obra criadora de Deus: gerando no amor e por amor uma nova pessoa, que traz em si a vocação ao crescimento e ao desenvolvimento, os pais assumem por isso mesmo o dever de ajudar eficazmente a viver uma vida plenamente humana. Como recordou o Concílio Vaticano II: 'Os pais, que transmitiram a vida aos filhos, têm uma gravíssima obrigação de educar a prole e, por isso, devem ser reconhecidos como seus primeiros e principais educadores'. Esta função educativa é de tanto peso que, onde não existir, dificilmente poderá ser suprida.

A educação é participação na obra criadora de Deus

---

[65] Cf. João Paulo II. *Familiaris Consortio*, op. cit., n. 36.

Com efeito, é dever dos pais criar um ambiente de tal modo animado pelo amor e pela piedade para com Deus e para com as pessoas que favoreça a completa educação pessoal e social dos filhos. A família é, portanto, a primeira escola das virtudes sociais de que as sociedades têm necessidade".[66]

117. Os pais comunicam aos filhos a vida e, através da educação, também seu sentido e objetivo último: encontrar na união eterna com Deus a sua felicidade. A fecundidade do amor conjugal traz consigo, indubitavelmente, a educação moral e a formação espiritual dos filhos.[67] Por meio da geração, os esposos colaboram com Deus, transmitindo a vida. Pela educação, acrescentam à personalidade dos filhos algo de si e lhes transmitem, de certo modo, uma segunda natureza. Procriação e educação são, pois, dimensões complementares. "O direito-dever educativo dos pais qualifica-se como *essencial*, ligado como está à transmissão da vida humana; e, ainda, como original e primário, como insubstituível e inalienável e, portanto, não delegável".[68]

> Procriação e educação são dimensões complementares

---

[66] Ibidem.

[67] Catecismo da Igreja Católica, n. 2221.

[68] Cf. João Paulo II, op. cit., n. 36.

118. O cumprimento desse dever educativo, fundado no sacramento do Matrimônio, tem a "dignidade e a vocação de ser um verdadeiro e próprio 'ministério' da Igreja a serviço da edificação de seus membros". A grandeza e o esplendor desse ministério são tão grandes que Santo Tomás "não hesita em compará-lo ao ministério dos sacerdotes".[69] Nessa trilha, a família cristã vive de modo privilegiado e original a sua tarefa de evangelização no seu próprio seio. A educação cristã não só procura a maturidade da pessoa humana. Quer também introduzir os batizados no conhecimento do mistério da salvação, levando-os a se aproximarem do homem perfeito, da idade plena de Cristo.[70] Isso até o ponto de a própria vida da família se tornar um itinerário de fé, na qual "todos os membros evangelizam e são evangelizados. [...] Uma tal família torna-se, então, evangelizadora de muitas outras famílias e do ambiente no qual está inserida".[71] Exerce assim, de modo eficaz, o seu ministério conjugal e familiar.

> A dignidade do "ministério educacional" é comparável ao ministério sacerdotal

---

[69] Idem, n. 38.

[70] Cf. Ef 4,13.

[71] Paulo VI, op. cit., n. 71.

119. A família é também convocada a apoiar e a incentivar, sem coagir, o discernimento profissional e vocacional dos seus filhos, inclusive a própria vocação religiosa e missionária.

Dificuldades criadas pela realidade social

A realidade em que vivemos apresenta obstáculos muito sérios para concretizar devidamente esse direito-dever de educar os filhos de acordo com a sua dignidade humana e cristã. Apresentamos, a seguir, algumas dessas dificuldades.

Algumas dificuldades:

120. A mentalidade corrente de "sempre levar vantagem", impregnada de práticas antiéticas, dificulta uma educação baseada nos princípios cristãos. Às vezes, pais e responsáveis, com seu mau exemplo, acabam orientando os filhos a desrespeitarem as regras e os direitos que garantem o bem comum.

mentalidade antiética

121. As deficiências da educação na família são freqüentemente devidas à ausência do pai, e muitas vezes também da mãe, motivada pelas dificuldades econômicas ou pela excessiva dedicação desses ao trabalho ou por outros interesses.

omissão dos pais

122. É comum os pais delegarem a terceiros a maior parte da responsabilidade na educação dos filhos. Cada vez mais cedo, desde o maternal,

delegação a terceiros

transferem essa responsabilidade a instituições educacionais, públicas ou particulares, sem conhecer a proposta pedagógica dessas instituições e, às vezes, sem acompanhar a evolução formativa da criança. Muitas famílias de classe média escolhem escolas católicas para seus filhos.Tal escolha, porém, não deve basear-se apenas no prestígio ou resultado acadêmico dessas. O projeto educacional e as metas de formação e evangelização que oferecem essas escolas também devem ser considerados nessa escolha. De qualquer forma, os pais nunca estarão dispensados do dever inalienável que possuem de educar os filhos, só porque já os matricularam numa escola católica. Esse dever não é delegável.

necessidade de acompanhar a educação que os filhos recebem nas instituições

123. Nesse contexto é preciso, especialmente, despertar nas famílias a importância de educar as crianças e os adolescentes numa perspectiva de integração entre a vida afetiva e a sexual: ajudá-los a descobrirem o sentido da sexualidade no contexto do amor, como mediação da felicidade e da realização humana, pode ser um caminho privilegiado para revelar o projeto de Deus a cada pessoa e à sociedade. "Diante de uma cultura que 'banaliza' em grande parte a sexualidade humana, porque a

"banalização" da sexualidade humana: a importância da educação afetiva e sexual

interpreta e a vive de maneira limitada e empobrecida, coligando-a unicamente ao corpo e ao prazer egoístico, o serviço educativo dos pais deve dirigir-se com firmeza para uma cultura sexual que seja verdadeira e plenamente pessoal".[72]

Este tema tão importante será abordado mais adiante de forma mais extensa.

124. Convém enfatizar ainda que a indústria de filmes, *videogames*, a *Internet* e muitos programas televisivos e radiofônicos, freqüentemente veiculam, divulgam e difundem a violência, o crime, o terror e o erotismo. É preciso questionar em que medida a indústria da comunicação está a serviço da educação. "Na realidade, nem sempre a Igreja tem usado todas as oportunidades que lhe são oferecidas nos meios de comunicação social".[73]

A questão das "babás eletrônicas"

125. A televisão é hoje uma "babá eletrônica", que simultaneamente educa e deseduca. Em geral, o "aparelho de televisão ocupa o lugar central das casas; tudo gira em torno da telinha mágica. Nos barracos mais pobres, ela está presente, mesmo em lugares onde talvez falte

---

[72] Cf. João Paulo II. *Familiaris Consortio*, op. cit., n. 37.

[73] Cf. CNBB. Campanha da Fraternidade 1994, op. cit., nn. 76, 77, 73, 74.

o pão de cada dia. A população brasileira, praticamente, é público das novelas, dos noticiários e dos filmes que se prolongam pela madrugada adentro".[74] E as famílias, em geral, aceitam passivamente essa "manipulação subliminar" que as vão tornando vítimas dos contravalores veiculados e absorvidos nos meios de comunicação social.

126. Juntamente com a TV, também o computador e outras tecnologias freqüentemente fortalecem a prática do individualismo, que abafa o desenvolvimento dos valores essenciais para a vida em comunidade. "Os espectadores estão expostos a maciços fenômenos da manipulação política, sobretudo onde os meios de comunicação estão concentrados nas mãos de pouquíssimos e faltam condições para a democratização da informação. A televisão e a informatização da comunicação contribuem também para estimular a difusão e o consumo dos mesmos bens materiais e culturais nos diferentes países, criando condições para uma cultura global de massa sem fronteiras, que abafa as culturas locais e regionais".[75]

A manipulação feita pelos meios de comunicação

---

[74] Idem, n. 78.

[75] Cf. CNBB. DGAE 1999-2002, n. 143.

A partir dessa constatação é preciso desenvolver, com urgência, a tarefa de orientar os meios de comunicação social a diretrizes éticas seguras. Começa a aparecer na população o forte desejo de que "sejam tomadas providências no sentido de serem respeitados os princípios básicos da ética".[76]

127. A Pastoral Familiar e as demais pastorais são conclamadas e devem empenhar-se para que surja uma eficaz rede que promova os valores da família cristã. Se do norte ao sul e do leste ao oeste deste nosso imenso país, milhares de famílias se determinassem a louvar ou criticar alguns programas e comerciais televisivos, notícias de jornais e revistas, a realidade brasileira mudaria substancialmente. Os meios de comunicação social se sentiriam verdadeiramente pressionados a manter uma posição ética condigna da pessoa humana. Já é hora de a família cristã fazer valer a força que realmente possui. Essa seria uma forma de canalizar o desejo da população brasileira de colocar os meios de comunicação social a serviço de um trabalho formativo da família. Eis outro grande desafio pastoral!

Mobilizar-se para ter uma mídia de qualidade

---

[76] CNBB. Campanha da Fraternidade 1994, op. cit., n. 80.

Princípios educativos

128. O dever-compromisso mútuo dos pais na tarefa formativa dos filhos precisa se integrar numa *tarefa educacional solidária*. É necessário que a firmeza e a disciplina próprias do homem se unam à ternura e à amabilidade próprias da mulher, para formar *um princípio educador único*. O pai não pode descuidar seus deveres de educador com a desculpa de que sua função é trabalhar para sustentar a casa ou de que a tarefa da educação dos filhos é responsabilidade da mãe ou de algum parente.

> Educação dos filhos: tarefa solidária do pai e da mãe

129. A psicologia educacional demonstra que quando o pai se omite nesse sentido, muitas falhas – como carências de firmeza no caráter e insegurança no comportamento – surgem na formação dos filhos, tanto meninos como meninas. Comumente se percebe que, nos meninos, essa ausência pode provocar inclusive uma certa inclinação a gestos e atitudes femininos.

130. O pai precisa saber sacrificar-se e compreender que, se ele trabalhou o dia inteiro, a esposa, mesmo que não trabalhe fora e fique em casa, também trabalhou muito. E continuará trabalhando mais ainda, quando o marido voltar à casa. O lar não é apenas um lugar de descanso, mas fundamentalmente um centro

formador, uma escola, dos mais altos valores. O pai é, nessa tarefa, um elemento essencial e insubstituível.

131. Para integrar esse *princípio educador único* é preciso reafirmar a união íntima e coerente dos pais; procurar afastar as preferências que os filhos possam ter, pelo pai ou pela mãe; não acolher com um *sim* a um filho, quando o outro cônjuge acaba de lhe dizer um *não*, para ganhar assim a sua simpatia; não discutir diante dos filhos sem a devida reserva etc.

Pai e mãe formam um princípio educador único

132. Os filhos têm a necessidade de encontrar nos pais essa solidariedade perfeita, essa unidade completa de sentimentos e, sobretudo, a coerência entre as palavras e as atitudes de cada um.

133. Tem-se dito que *os pais são para os filhos, mas os filhos não são para os pais*. Essa expressão, que sublinha a importância da dedicação gratuita e generosa dos pais para com os filhos, sem a pretensão de uma contrapartida compensadora, tem, contudo, um caráter unilateral, porque os filhos também têm uma obrigação cristã de retribuir todo o trabalho que em seu benefício fizeram os pais. Há uma tarefa afetuosa por parte dos filhos que corresponde ao que poderíamos denominar o *doce quarto mandamento* de "amar e respeitar os pais". A correspondência dos fi-

Deveres dos filhos em relação aos pais

lhos, a sua gratidão, a realização profissional como retorno aos cuidados maternos e paternos, a sua alegria e bondade, são, na família, parte constitutiva da "Igreja doméstica" e representam para os pais um pré-anúncio da felicidade eterna.

134. É por isso que os filhos têm direito a que os pais vivam unidos. Conseqüentemente, os pais têm a obrigação de manter a sua união em benefício dos filhos. Também por isso, essa tarefa educacional solidária promove o amor mútuo e a harmonia conjugal: os filhos enriquecem a integração dos pais. Essa verdade, consagrada pela experiência, fazia Aristóteles afirmar quatro séculos antes da vinda de Cristo: "É próprio dos que se amam querer e decidir as mesmas coisas, e por isso os filhos constituem um laço para ambos; em conseqüência, as uniões estéreis se desfazem mais rapidamente [...] porque todo bem comum mantém a concórdia dos pais".[77]

Os filhos têm direito a que os pais estejam unidos

135. Porém, não se pode deixar de levar em consideração um outro princípio: *o melhor educador é o exemplo*. Aprende-se melhor pela intuição e experiência.

---

[77] Aristóteles. *Ética a Nicômano*, 11167 b e 1167 a - b.

136. É necessário que os pais vivam primeiro aquilo que pretendem que os filhos vivam depois. Os caminhos educacionais são semelhantes às trilhas nas florestas: não bastam os sinais indicadores; é preciso um guia, que vá à frente e mostre, com a sua experiência, as passagens mais seguras, os lugares menos perigosos, as picadas mais diretas. Da mesma forma, a alegria, a paz e todos os valores de um lar têm de encontrar a sua fonte na vivência dos próprios pais.

Viver o que se quer transmitir aos filhos

137. A vida interior, a união com nosso Senhor Jesus Cristo, está repleta de alegria. Ele no-lo diz, e é isso o que de fato acontece: "De novo vos verei, e o vosso coração se alegrará, e ninguém será capaz de vos tirar a vossa alegria".[78] "Tu pões no meu coração, Senhor, uma alegria maior do que aquela que transborda depois de uma copiosa colheita".[79] É isso o que os pais têm que viver antes, se o quiserem ensinar ou transmitir depois aos filhos.

138. A alegria, a paz e todos os valores familiares não vêm de fora. Brotam de dentro. Mesmo que as circunstâncias materiais em que vivam

A alegria, a paz e todos os valores familiares não vêm de fora:

---

[78] Jo 16,22.

[79] Sl 4,8.

a família sejam miseráveis. Por isso, se um lar não é alegre, não é porque faltem os meios econômicos ou haja doenças. É porque falta o verdadeiro espírito cristão. Quando existe no lar uma vivência cristã, a alegria transborda: no meio da abundância ou da carência, da saúde ou da doença, do prazer ou da dor. Quando se vive assim, a fé que existe no lar arrasta! É esse o mais forte argumento evangelizador. E também o clima mais atraente para os filhos. Isso exige dos pais atitudes concretas como banir a tristeza e o pessimismo, incentivar o otimismo e o bom humor. Ao mesmo tempo, exige deles uma atenção habitual, um esquecimento das próprias mágoas e cansaços, uma diligência sempre pronta e especialmente uma fé imensa na Divina Providência. É ela quem traz verdadeiramente a alegria e a paz para o seio da família. Tudo isso vai, pouco a pouco, santificando os pais, santificando os filhos e consolidando no lar um clima de alegre serenidade e fraternidade.

devem ser transmitidos pelos pais dentro do lar

139. Os pais precisam saber comunicar com força e alegria o seu amor; irradiar com alegria o calor da sua vivência cristã. Assim, os filhos se sentem contagiados. E compreendem que vale a pena, por exemplo, viverem no presen-

te a integridade e a pureza de vida, para poderem possuir no futuro o amor e a fidelidade plena que permearam a vida dos seus pais. Os pais são, com o seu exemplo, os melhores mestres de seus filhos. E o seu testemunho vivo é o melhor sistema pedagógico.

140. A alegria e a paz vividas no lar pelos pais também podem servir de modelo para as outras virtudes humanas e cristãs que os filhos deverão aprender a viver, de forma insubstituível, no próprio lar: honestidade, solidariedade, respeito, sinceridade, lealdade, fortaleza, laboriosidade, constância, fidelidade, prudência, justiça, temperança, castidade, desprendimento, sobriedade, humildade e tantas outras.

O mesmo se pode dizer de todas as virtudes humanas e cristãs

141. Reafirmando: é preciso, por um lado, conscientizar os pais de sua responsabilidade solidária pela educação dos filhos. E, por outro, enfatizar que o exemplo vivido pelos pais é o meio mais eficaz para educar os filhos.

142. Mais adiante, e também no capítulo 6, nos referiremos diretamente a esse aprendizado prático da doutrina cristã, da vida de piedade e da freqüência aos sacramentos. Este aspecto é extremamente importante. As crianças e os jovens têm de aprender em casa as verdades fundamentais da fé. A catequese paroquial ou

Devem ser transmitidas especialmente as verdades fundamentais da doutrina católica

os cursos próprios para o sacramento da crisma não dispensam, de forma nenhuma, a obrigação e o compromisso que os pais têm de iniciar os seus filhos na fé cristã.

143. Ao mesmo tempo, é necessário sublinhar que a tarefa educacional dos pais no seio do lar deve estar aberta a uma parceria com os estabelecimentos de ensino, sejam eles públicos ou privados, católicos ou não-católicos. Nesse sentido é necessário que haja uma interação entre o trabalho feito na paróquia e o realizado no lar. Para isso, no que diz respeito à escola, é conveniente:

Parceria entre os pais e as instituições educativas

1. aproveitar a escola como um espaço educacional e lugar de encontro das famílias que pretendem oferecer as seus filhos valores cristãos;

2. organizar grupos de pais que assumam a missão de ajudar a integração entre a família e a escola – professores e alunos – para que formem verdadeiras comunidades de educação e evangelização de todos os seus membros;

3. propiciar cursos, oficinas e seminários sobre educação que tenham como proposta uma pedagogia pautada no princípio do

amor e dos valores éticos cristãos, para preparar os jovens a assumirem as exigências da vida e a sua própria vocação;

4. ter sempre em vista que a família é a "célula primeira e vital da sociedade".[80] Por natureza, ela é a primeira educadora. A escola não deve ser uma "concorrente" da família, mas sim uma colaboradora;

5. assegurar a participação dos pais, junto com a catequese e a escola, na educação sexual, na orientação profissional e vocacional.

A educação afetiva e sexual: direitos e deveres dos pais

144. Se procriação e educação são dimensões complementares, a geração da vida é função dos pais da mesma forma que deve sê-lo a educação. Isso é válido para todos os aspectos e dimensões da educação: principalmente no que diz respeito à educação afetiva e sexual, sempre integrada na totalidade da pessoa.

145. A *Familiaris Consortio* fala: "A educação sexual, direito e dever fundamental dos pais,

Educação sexual dos filhos:

---

[80] Cf. João Paulo II. *Familiaris Consortio*, op. cit., n. 42.

deve atuar-se sempre sob a sua solícita guia, quer em casa quer nos centros educativos escolhidos e controlados por eles. Neste sentido, a Igreja reafirma a lei da subsidiariedade, que a escola deve observar quando coopera na educação sexual, ao imbuir-se do mesmo espírito que anima os pais.

dever fundamental e irrenunciável dos pais

146. "Neste contexto, é absolutamente irrenunciável a educação para a castidade, como virtude que desenvolve a autêntica maturidade da pessoa e a torna capaz de respeitar e promover o "significado nupcial" do corpo. Melhor, os pais cristãos reservarão uma particular atenção e cuidado, discernindo os sinais da chamada de Deus, à educação para a virgindade como forma suprema daquele dom de si que constitui o sentido próprio da sexualidade humana.

A educação para a castidade

147. "Pelos laços estreitos que ligam a dimensão afetiva e sexual da pessoa e os seus valores éticos, o dever educativo deve conduzir os filhos a conhecer e a estimar as normas morais como necessária e preciosa garantia para um crescimento pessoal responsável na sexualidade humana".[81]

---

[81] Idem, n. 37.

148. Um documento fundamental, emitido pelo Pontifício Conselho para a Família, recorda todos esses princípios. E sublinha que "este dever encontra hoje uma particular dificuldade, devido também à difusão, através dos meios de comunicação social, da pornografia, inspirada em critérios comerciais e que deforma a sensibilidade dos adolescentes. A este respeito é necessário, por parte dos pais, um duplo cuidado: uma educação preventiva e crítica dos filhos e uma ação de corajosa denúncia junto às autoridades. Os pais, individualmente ou associados com outros, têm o direito e o dever de promover o bem de seus filhos e de exigir das autoridades que previnam e reprimam a exploração da sensibilidade das crianças e dos adolescentes".[82]

Preservar a sensibilidade das crianças das influências dos meios de comunicação

149. O referido documento daquele Pontifício Conselho continua dizendo que não podemos esquecer, de todas as maneiras, que o direito-dever de educar para a sexualidade foi pouco exercido pelos pais cristãos no passado, "possivelmente porque o problema não tinha a mesma gravidade de hoje; ou porque sua tarefa era em parte substituída pela força dos

Não é fácil assumir a educação sexual dos filhos. Por isso, a Igreja quer contribuir nessa tarefa

---

[82] "Sexualidade Humana: Verdade e Significado", op. cit., n. 45.

modelos sociais dominantes e, além disso, pela suplência que neste campo exerciam a Igreja e a escola católica. Não é fácil para os pais assumir este compromisso educativo, porque hoje se revela muito complexo, maior que as próprias possibilidades das famílias, e porque na maioria dos casos não existe a experiência de terem recebido tal educação dos seus pais. Por isso, a Igreja considera como seu dever contribuir, com este documento, para que os pais recuperem a confiança em suas próprias capacidades e para ajudá-los no cumprimento de seu dever".[83]

A educação afetiva e sexual como tarefa peculiar dos pais

150. A educação afetiva e sexual deve ser entendida como a tarefa de ensinar aos mais jovens o verdadeiro sentido do amor e da sexualidade. Não pode ser um sistema implantado obrigatoriamente pelo Estado, para divulgar mecanismos sexuais sem considerar os princípios da moralidade natural, a idade e a maturidade próprias de cada adolescente ou jovem, e

A educação sexual não pode ser implantada obrigatoriamente pelo Estado

---

[83] Idem, n. 47.

mesmo a sua realidade familiar. Isso sem falar nos direitos inalienáveis dos pais nessa importante questão.

151. Por isso é importante reafirmar que "a Igreja se opõe firmemente a uma certa forma de informação sexual desligada dos princípios morais, tão difundida, que não é senão uma introdução à experiência do prazer e um estímulo que leva à perda – ainda nos anos da inocência – da serenidade, abrindo as portas ao vício".[84]

Critérios que devem nortear os pais na educação afetiva e sexual dos filhos

São vários os critérios que norteiam essa educação. Apresentamo-los, a seguir, de forma resumida:

152. Dar um sentido positivo à sexualidade: ensinar aos filhos que "a conotação sexual da corporeidade é parte integrante do plano divino";[85] "que a sexualidade é um elemento básico da personalidade, um modo próprio de

Sentido positivo da sexualidade: educar os filhos para enxergarem o mundo, os homens e as mulheres, com olhos claros e limpos

---

[84] João Paulo II. *Familiaris Consortio*, op. cit., n. 37.

[85] João Paulo II. "Aos participantes na Semana Internacional de estudos sobre o matrimônio". *L'Osservatore Romano*, n. 36, setembro de 1999, pp. 4-5.

ser, de expressar e viver o amor humano",[86] que o corpo é um dom de Deus, e a relação sexual é a fonte sagrada da vida. Santo Tomás, seguindo Aristóteles, afirma de modo incisivo: no sêmen humano há algo de divino,[87] porque nele há uma participação do poder criador de Deus. A relação sexual não é algo mau, que deve ser evitado: é um magnífico dom de Deus, destinado a unir duas pessoas pelo amor conjugal e a ser a nascente da vida. É preciso, nesse sentido, educar os filhos para enxergarem o mundo, os homens e as mulheres, com olhos claros e limpos. E não para os embaçar com proibições negativas, ou desviá-los com mentiras, meias-verdades, máscaras ou bloqueios.[88] Não se pode banalizar o exercício verdadeiramente honesto, humano e pleno da sexualidade como expressão de um amor verdadeiro.

---

[86] Cf. Orientações educativas sobre o amor humano. Congregação para a Educação Católica, 1º de novembro de 1983, Libreria Editrice Vaticana, n. 4.

[87] Cf. PIEPER, J. "Las virtudes fundamentales", 5ª ed., Editora Rialp, 1997, p. 232.

[88] "O homem está chamado ao amor e ao dom de si na sua unidade corpóreo-espiritual. Feminilidade e masculinidade são dons complementários [...] ('Sexualidade Humana: Verdade e Significado'. 'Pontifício Conselho para a Família', 8 de dezembro de 1995, n. 10)." Esta capacidade de amor como dom de si tem, portanto, sua "encarnação" no *caráter esponsal do corpo*, no qual estão inscritas a masculinidade e a feminilidade da pessoa ("Sexualidade Humana..., cit., n. 10).

153. Conversar a respeito desse assunto com os filhos, abertamente, como e quando deva ser feito, sem inibições ou ridículos receios. Quando os pais se calam ou se omitem, os filhos procuram informações onde não devem: na rua, nas revistas, nos dicionários, nos manuais de ginecologia, com os colegas etc. E encontram-nas – como diz Pio XII – "ao acaso, em reuniões turvas, em conversas clandestinas, na escola de companheiros de pouca confiança e já muito versados, ou por meio de leituras ocultas, tanto mais perigosas e prejudiciais quanto mais o segredo inflama a imaginação e excita os sentidos".[89]

As conversas de orientação sexual com os filhos

154. Utilizar recursos enganadores, lendários não é apenas uma restrição mental infantil: revela também uma inibição que pode camuflar uma certa timidez ou covardia de quem não se atreve a dizer a verdade. As crianças, se enganadas dessa forma, terminam desconfiando da credibilidade dos pais. Também a tática de não falar no assunto é sempre lamentável. O pudor mal-entendido, a falta de palavras apropriadas e a ausência de uma instrução conveniente dos próprios pais fizeram a geração que nos precedeu se omitir com um silêncio deformador e nada educativo.

Preparar-se para falar com os filhos

---

[89] Pio XII, "A educação da infância", 26/10/1941, n. 10.

155. Se os pais têm dúvida a respeito de quando devem conversar sobre esse assunto, é melhor antecipar-se do que se atrasar: prevenir é sempre melhor do que curar! Pode ser fatal "chegar atrasado". A menina deve conhecer antes que a causa da menstruação é a relação entre esse fenômeno e a missão nobre da maternidade. O rapaz tem de ser instruído sobre a causa das efusões noturnas e involuntárias do esperma e a sua conexão com a geração dos filhos, reservada exclusivamente para o matrimônio.

É melhor antecipar-se do que se atrasar

156. Devem-se considerar também as grandes diferenças que existem entre o desenvolvimento educacional, físico e psíquico tanto entre crianças e adolescentes, como entre um e outro sexo. Hoje, é bem precoce a erotização infanto-juvenil, por tudo o que vêem, assistem e presenciam nos MCS e nas ruas.

157. Por essa razão, a conversa com cada um dos filhos precisa ser individual. Nesse sentido, Pio XII oferece orientações concretas e preciosas aos pais. "... quando necessário, cabe levantar cautelosamente, delicadamente, o véu da verdade, dando a resposta prudente, justa e cristã às suas perguntas e às suas inquietações. Recebidas dos vossos lábios de pais cristãos, com a devida prudência e os cuidados

Conversa individual dos pais com os filhos

conveniente, as revelações sobre as misteriosas e admiráveis leis da vida serão escutadas com reverência e gratidão, iluminando as almas dos vossos filhos com muito menor perigo do que se as aprendessem ao acaso".[90]

158. Essa formação se deve dar de maneira gradativa e completa. Não se esgota de uma vez, porque a educação sexual e afetiva não pode ser compreendida numa única lição. Ela exige muitas lições. E se deve ministrar à medida que se apresenta à sã curiosidade dos filhos. Para isso é sempre útil que os pais tenham algum livro adequado para tirar as informações convenientes.

A educação sexual e afetiva não se resume a uma única lição

159. Nesse sentido, será conveniente elaborar e difundir publicações pedagógicas e manuais que orientem pais e filhos, educadores e alunos, sobre os valores autênticos do matrimônio, da família e da vida, tais como a castidade, a paternidade e a maternidade responsáveis, e os métodos naturais para o planejamento dos filhos.

Elaborar e difundir publicações orientadoras

160. Hão de se promover esforços para influenciar positivamente campanhas de prevenção das doenças sexualmente transmissíveis, a fim de

Influenciar positivamente campanhas de prevenção de doenças

---

[90] Ibidem.

que, sob o pretexto de prevenir, não se exaltem a promiscuidade sexual e a irresponsabilidade moral. sexualmente transmissíveis

161. Um conhecido texto da Sagrada Congregação para a Doutrina da Fé nos diz que a impureza é influenciada pela libertinagem desenfreada de tantos e tantos espetáculos e publicações, bem como pelo menosprezo do pudor, que é abrigo da castidade.[91] A influência da impureza reinante

162. Precisamos considerar, como algo de extraordinária significação, a relevância que têm o ambiente do lar e o exemplo dos pais para transmitir os valores da pureza de vida e da castidade. O ambiente do lar é criado pelos pais. E ele tem que ser tão forte que se contraponha ao ambiente externo, fora do lar. A importância do ambiente do lar e do exemplo dos pais

163. A pureza não é só "preservação", cautela para evitar os perigos. Nem, muito menos, repressão. É o pressuposto de um amor pleno. É uma afirmação jubilosa. A castidade não é como uma barragem que bloqueia o rio do amor. Melhor: é como um canal que permite conduzir as águas para o mar. Se o rio renuncia aos desvios que o levam ao pântano estéril, o A educação para a pureza não é só "preservação", muito menos repressão: é afirmação jubilosa

---

[91] Cf. Declaração sobre alguns pontos de ética sexual, n. 187.

faz para correr alegre pelo seu leito e, assim, dilatar-se na plenitude do grande mar. O rio diz *não* aos desvios, porque diz *sim* ao mar. Nesse sentido, dar um *não* à impureza é dizer um *sim* ao verdadeiro amor. É isso que os pais precisam ensinar aos filhos, pelo testemunho de sua vivência diária, pela fidelidade mútua, pela maneira de vestir-se ou de freqüentar uma praia, de assistir a um espetáculo ou à televisão, enfim, de viver o pudor.

164. Não se deve omitir de mostrar a importância fundamental da oração e da graça de Deus, para que a afetividade e a sexualidade sejam realizadas segundo o projeto dele.

Importância da oração e da graça de Deus

165. É preciso dizer, finalmente, como é importante criar condições e estimular a presença pastoral nos meios de comunicação social, como uma forma de promover os valores verdadeiramente humanos e de divulgar os ensinamentos de Jesus Cristo. As comunidades e, mais concretamente, a Pastoral Familiar e a Catequese, precisam preparar agentes e educadores capazes de discutir criticamente com as crianças, adolescentes e jovens os programas veiculados pelos meios de comunicação social. A Pastoral Familiar tem uma viva consciência da necessidade de oferecer às fa-

Discutir criticamente a mídia

mílias, escolas e paróquias, manuais simples, claros, explícitos e corajosos que dêem a pais, professores e agentes de pastoral, subsídios necessários para transmitir – antes da adolescência, durante este período etário e já na época da juventude – os princípios naturais e cristãos da afetividade, da sexualidade, do valor da castidade e da sublime vocação para o amor matrimonial. Os especialistas, que estão já trabalhando nesta matéria, estão convictos da urgente exigência de oferecer o quanto antes estes instrumentos didáticos. É indispensável apresentar elementos pedagógicos de excelente qualidade perante a proliferação de ensinamentos deturpados que circulam em certas escolas e, infelizmente, até em certas livrarias que continuam usando o nome de "católicas". Esta decidida difusão da boa doutrina há de contrastar o progresso de uma mentalidade violentamente hedonista e a avalanche de pornografia proveniente de alguns meios de comunicação social.

A luta em defesa do direito dos pais na educação afetiva e sexual dos filhos

Todas as considerações feitas levam a conclusões de extrema importância:

166. Seja sublinhado, de forma clara, em diferentes instâncias públicas e privadas, o direito natural e insubstituível dos pais na educação afetiva e sexual dos seus filhos.

Os pais devem fazer respeitar seus direitos à educação dos filhos

167. A escola, pública ou privada, possui apenas um direito *subsidiário* a essa educação, somente intervindo quando necessário, e sempre secundando os desejos dos pais.

168. Esse direito natural dos pais tem de ser defendido de maneira vigorosa. A ingerência do Estado em matéria tão delicada é absolutamente inadmissível. Nesse sentido, os pais têm de se unir para formar, em cada país, uma força coesa que contrabalance a injusta pretensão dos órgãos públicos de suplantar esse direito inalienável. Já existem em vários países – e também no Brasil – iniciativas excelentes, como as Associações de Famílias Cidadãs e as Escolas de Família. Estas, conscientes de seus deveres e direitos, vêm intervindo com sucesso nos processos político-educativos. Da mesma forma como foram feitas campanhas com relativo sucesso para evitar a implantação de qualquer tipo de aborto em nosso País, é preciso influenciar também no campo da educação afetiva e sexual. Afinal, como indicam as estatísticas, quando é mal-orientada,

a própria educação afetiva, sexual e social propicia o aumento galopante do índice de abortos.

169. Segundo Rousseau, a família é a "pequena pátria, por meio da qual estamos unidos à pátria grande".[92] Por isso, ela tem que ser revigorada e promovida pelo próprio Estado. Este deve respeitar esse direito originário e intransferível que têm os pais de educarem os seus filhos de acordo com os ditames da sua consciência. Qualquer interferência do Estado nesse sentido deve ser entendida como um delito contra a liberdade individual e familiar, princípio basilar de qualquer constituição democrática. Defender a nossa família perante essa possível ingerência é um grave dever. Assumir uma atitude passiva, nesse sentido, representa uma omissão irreparável, da qual prestaremos conta diante de Deus e dos homens.

O Estado deve respeitar as liberdades individuais e familiares

170. É urgente, que tanto os pais como as inúmeras associações de pais e mestres, de antigos alunos, de educadores, juristas e médicos católicos, "ONGs" que legitimamente promovem os direitos da pessoa e a dignidade hu-

Empenho em defender os direitos dos pais perante a ingerência do Estado

---

[92] Citado por Castán Tobeñas, J. *Família y Propriedad*. Madrid, 1956, pp. 6.

mana, institutos pró-família e, especialmente, toda a Pastoral Familiar, nas suas mais variadas ramificações, empenhem-se a fundo neste objetivo. Um louvor especial fazemos, aqui, ao Pontifício Conselho para a Família e aos Movimentos Pró-vida. Estes, incansavelmente, têm alertado a todos sobre essa problemática tão importante e batalhado corajosamente nesse sentido.

O ensino explícito da doutrina cristã

No fim deste capítulo quer-se registrar a capital importância que tem na educação o ensino da religião católica dentro do próprio lar, de modo claro, patente, manifesto, corajoso, sem ambigüidades. Deixamos para último lugar este aspecto precisamente para corroborar a sua importância como conclusão e coroamento dos demais.

A importância fundamental do ensino religioso no lar

171. Todo trabalho educador, no qual também se insere a educação afetiva e sexual, deve estar impregnado de um espírito cristão claramente vivido e transmitido. A principal preocupação dos pais, em termos de educação, deveria ser a de dar aos filhos, de um modo explícito, uma sincera e profunda educação cristã. Como já dissemos, os pais não podem desincumbir-

Dar aos filhos uma sincera e profunda educação cristã

120

se dessa responsabilidade, pensando que para isso os filhos já estão na catequese da paróquia ou estudam num colégio católico. Não! Essa responsabilidade direta e primordial é dos pais. As escolas paroquiais e religiosas têm apenas um caráter complementar e supletivo.

172. Pelo Batismo, os pais participam do sacerdócio comum de Cristo, isto é, "cada vez mais unidos a ele, desenvolvem a graça do Batismo [...] em todas as dimensões da vida pessoal, familiar, social e eclesial, e realizam assim o chamado à santidade, dirigido a todos os batizados".[93] Por isso, dentro do clima dessa "Igreja doméstica" que eles próprios fundaram, têm que desempenhar um autêntico – ainda que discreto e amável – ministério evangelizador, pois é "na família que se exerce de modo privilegiado o sacerdócio batismal do pai, da mãe, dos filhos, de todos os membros da família".[94]

O sacerdócio dos pais na tarefa evangelizadora dos filhos

173. É um grande erro pensar que os pais atentam contra a liberdade dos filhos ao lhes "impor" uma religião que eles não assumiram.

---

[93] Cf. Catecismo da Igreja Católica, n. 941.

[94] Idem, n. 1657.

174. Nesse caso, o que os pais fazem é dar ao filho o que de melhor receberam. Ninguém, sensatamente, pergunta a uma criança se quer comer, tomar banho, escovar os dentes, ir ao colégio ou estudar matemática, por exemplo. Os pais sabem que essas são coisas essenciais para o filho. Somente quando forem maiores é que os filhos serão capazes de decidir se porventura se dedicarão ao Esporte, à Agricultura, ao Comércio, à Medicina, ao Direito ou à Engenharia, como também de tomar outras decisões por conta própria.

Evangelizar os filhos não é atentar contra sua liberdade: é dar-lhes o melhor que se tem

175. Em um nível mais elevado, porém encontra-se a Religião. Os filhos poderão até decidir, mais tarde, quando forem maiores, qual será a sua opção religiosa. Mas, enquanto estão sob a responsabilidade dos pais, devem ser incentivados a adquirir a formação que os pais coerentemente julgam ser a melhor para eles.

Quando maiores, poderão fazer sua consciente opção religiosa

176. Na tarefa de ensinar, os pais têm de ser claros, decididos e corajosos, para irem em direção oposta a essa influência negativa tão forte que, sem dúvida, os filhos hão de sofrer noutros ambientes fora do lar.

177. Para isso, tanto os pais como os filhos podem sempre contar com a ajuda dos sacerdotes, religiosos, catequistas e educadores cristãos. E

O auxílio da graça de estado dos pais para cumprirem a sua missão

não se podem nunca esquecer de que, para viverem bem sua vocação e exercerem sua missão de pais e primeiros educadores, possuem um dom especial e próprio para isso: a graça de estado, comunicada a eles por Deus no sacramento do Matrimônio que receberam como um singular ministério.

Capítulo 4

AS CARACTERÍSTICAS DO MATRIMÔNIO E O MATRIMÔNIO COMO SACRAMENTO

Estudadas as finalidades do matrimônio, consideraremos agora as suas peculiaridades fundamentais. Ou seja, as características essenciais que a tradição secular e o Código de Direito Canônico denominam propriedades. A unidade e indissolubilidade são essenciais para tornar possível a mais conveniente realização dessas finalidades.

178. O cânon 1056 do Código de Direito Canônico estabelece: "São propriedades essenciais do matrimônio a unidade e a indissolubilidade, que no matrimônio cristão alcançam particular firmeza em razão do sacramento".

179. Está claro, pelos termos desse cânon, que a unidade e a indissolubilidade são propriedades essenciais do matrimônio *natural*. Por serem características do Direito natural, são válidas tanto para cristãos quanto não-cristãos. Mas, no matrimônio cristão, elas adquirem um vigor todo especial, porque são elevadas pelo

Unidade e indissolubilidade: propriedades essenciais do matrimônio natural

sacramento à ordem da graça. Aí, a ajuda de Deus atua de uma forma bem superior. Nesse sentido, existe uma responsabilidade mais grave da parte dos cônjuges católicos, para aprofundarem e consolidarem a unidade e a fidelidade matrimoniais por meio da graça sacramental. A seguir, abordaremos brevemente a questão da unidade e passaremos a analisar especialmente a questão da indissolubilidade, em virtude da grande importância e atualidade das quais se reveste.

A unidade

180. Quando falamos em unidade, estamos afirmando que o casamento é feito entre *um* homem e *uma* mulher. É o que também chamamos *monogamia*. Existem, ainda, outras formas de união: a *poligamia* (união de várias mulheres com um homem); a *poliandria* (união de vários homens com uma mulher); ou mesmo a *promiscuidade sexual*, que viria a ser um sistema em que coincidem a poligamia e a poliandria de maneira anárquica e indefinida.

<small>A unidade do matrimônio: a monogamia</small>

181. Porém, somente a monogamia pode estabelecer entre o homem e a mulher uma *solidariedade completa* e assegurar a *igualdade* fundamental à qual a mulher tem tanto direito quanto o homem. O casamento monogâmico

<small>Somente a monogamia estabelece uma *solidariedade completa* entre o casal</small>

126

é também o único em que os dois esposos formam *uma só entidade moral no que diz respeito à educação dos filhos*. Em outros termos, o regime monogâmico é o único em que os esposos constituem verdadeiramente uma família, centro da vida dos dois.[95]

182. No texto do Gênesis: "Deixará o homem o seu pai e a sua mãe para unir-se à mulher",[96] fala-se de um só pai e de uma só mãe e de uma única mulher com a qual se contrai matrimônio. Isso indica, sem dúvida alguma, a exclusão da poligamia e da poliandria. Mais ainda, quando o mesmo texto acrescenta as palavras "e os dois formarão uma só carne",[97] afirma-se claramente e de modo positivo a unidade do matrimônio.

A unidade do matrimônio no Gênesis

A indissolubilidade

183. Por *indissolubilidade* entende-se, como a própria palavra assim o expressa, que o matri-

A Igreja não aceita a

---

[95] Cf. Leclercq, J. *A Família*. Editora Quadrante, São Paulo, 1968, p. 65.

[96] Gn 2,24.

[97] Gn 2,19-24. Sutcliffe, E. F., no seu comentário ao Gênesis (*Verbum Dei*, T. I. Barcelona, 1956, p. 453), escreve: "Estas palavras acentuam a indissolubilidade do matrimônio, pois uma carne não pode dividir-se. Cristo pôs ainda mais de manifesto que o matrimônio é, por instituição divina, a união entre um só homem e uma só mulher, quando ao citar esta passagem acrescentou: 'Pelo que não são dois, mas uma só carne'" (Mt 10,6).

mônio não se pode dissolver; que dura a vida toda, até à morte. A Igreja não aceita – por exigência do Direito natural – o *divórcio* ou a *anulação* do matrimônio. Ela somente aceita o que chamamos *declaração de nulidade*. Isso porque, se o matrimônio é válido, será válido para a vida toda. E, obviamente, se o matrimônio foi nulo, ele nunca chegou a existir. Por isso é que a Igreja não anula, mas apenas *declara a nulidade*, ou seja, reconhece e manifesta que determinado matrimônio nunca existiu. Para a Igreja, não existem matrimônios *anuláveis,* como no Direito civil brasileiro.

anulação do matrimônio

A questão do divórcio

184. O divórcio já é uma realidade amparada por quase todas as legislações do mundo, inclusive a do Brasil. Contudo, a Igreja sempre afirmou e sustenta que a lei civil não pode estabelecer o divórcio, porque ele é contrário à lei natural, comum a todas a civilizações, culturas e religiões.

O divórcio contraria a lei natural

185. O problema do divórcio não é apenas um "problema religioso" nem é uma questão que interessa apenas aos católicos. O divórcio atinge a própria raiz do matrimônio, como insti-

Por isso afeta cristãos e não-cristãos

tuição básica da sociedade, e por isso é uma questão cujo estudo compromete sociólogos e juristas de todas as escolas e mentalidades e cuja matéria afeta tanto cristãos como não-cristãos.

186. Para quem conhece mesmo que superficialmente essa matéria, é evidente que a questão da indissolubilidade do matrimônio, ao longo da história, não foi defendida somente por pensadores católicos. De fato, mesmo positivistas, socialistas e representantes de outras correntes de pensamento, alheias aos princípios cristãos, defendem claramente a indissolubilidade como qualidade essencial e natural do matrimônio.[98] E não poderia ser de outra maneira, já que a sua afirmação ou negação afeta a estabilidade da família, célula básica da sociedade. Com efeito, o divórcio enfraquece ou abala todas as finalidades do matrimônio, como veremos a seguir.

A indissolubilidade defendida por cristãos e não-cristãos

O divórcio e a finalidade procriativa

187. A finalidade procriativa do matrimônio é profundamente atingida pelo divórcio. Normal-

A finalidade procriativa é profundamente

---

[98] A esse respeito, podem-se consultar os seguintes autores: Comte, A., *Cursos de Filosofia Positivista*, T. IV, Paris, 1877, p. 311; Morselli, E., *Per la polemica sul divorcio*, Gênova, 1902, p. 16; Proudhon, *De la justice*, Paris, 1858, T. III, pp. 476.

mente, quem aceita o divórcio casa-se para conseguir a sua *felicidade subjetiva*. Não contrai matrimônio por uma *finalidade objetiva* mais alta: fundar uma família estável, uma "célula social", uma "pequena pátria" integradora da "Pátria grande". Nesse caso, os filhos representam apenas uma satisfação dos desejos de paternidade e de maternidade do casal, e não um ideal e um compromisso de vida, uma vocação ou o cumprimento da vontade de Deus. Dessa maneira, os possíveis descendentes podem significar, simplesmente, maiores responsabilidades ou o peso de um trabalho que irá prejudicar essa falsa "felicidade pessoal". A mentalidade divorcista, em conseqüência, tende a suprimir os filhos ou a diminuir o seu número, para evitar o peso e a responsabilidade que trazem consigo.

atingida pelo divórcio

188. Mas, ao lado desse motivo mais geral, a mentalidade divorcista afeta a natalidade ainda mais diretamente: "o divórcio sem filhos é muito mais fácil de se realizar do que o divórcio do matrimônio carregado de filhos".[99] A *simples perspectiva do divórcio tende a dimi-*

A simples perspectiva do divórcio tende a diminuir o número de filhos

---

[99] Doumic, R. "Reforme sociale", 1908, I, p. 29, cit. por Franca, L., *O Divórcio*, Rio de Janeiro, 1995, p. 122.

nuir o número de filhos. Evidentemente, o que percebemos aqui é que o divórcio, antes mesmo de dissolver, já esteriliza os lares.

189. Igualmente, essas causas originadoras da baixa natalidade, as encontramos presentes em confronto com o problema do aborto.

190. Quando o desprezo às leis da vida vai tomando corpo em determinado meio social, a mentalidade individualista consolida-se de tal maneira que, se falham os meios preventivos de controle da natalidade, chega-se a pensar, até com certa naturalidade, nos meios resolutivos do aborto.

O divórcio e a finalidade educativa

191. No que diz respeito *à finalidade educativa,* a influência negativa do divórcio é determinante.

A influência negativa do divórcio na finalidade educativa

192. Já reiteramos antes que geração e educação são funções complementares. De fato, a pedagogia familiar moderna insiste na necessidade da dupla influência masculina e feminina na formação dos filhos. Cada uma com as suas características peculiares, essas influências, todavia, integram-se num princípio educativo unitário, o qual se prolonga até à idade em que os filhos já possuam uma certa auto-

A educação dos filhos necessita da influência masculina e da feminina

nomia psicológica e profissional. Os filhos, antes de qualquer outra influência, necessitam da experiência feliz do amor conjugal equilibrado e fiel dos seus pais.

193. Se consideramos que a mulher é normalmente fértil até pouco depois dos 40 anos; que a fertilidade do homem, em geral, ultrapassa essa medida; e, ainda, que a tarefa educativa dos pais deve prolongar-se até, pelo menos, a idade de 18 anos dos filhos, concluímos que o *dever-compromisso de educação dos pais e os correspondentes direitos dos filhos somente terminam quando os pais já se encontram em idade avançada. Isso exige a permanência da união conjugal.* [100]

A educação dos filhos exige a permanência da união conjugal

194. Augusto Comte – por meio do método comparativo entre o mundo animal e os costumes humanos – e, no mesmo sentido, outros cientistas contemporâneos, chegaram a uma lei que domina toda a biologia animal: *a maior ou menor estabilidade da união dos sexos é determinada pela duração das necessidades do desenvolvimento da prole.* A estabilidade faz-se quase absoluta nas espécies animais que

Nas espécies animais a permanência da união é determinada pelas necessidades de desenvolvimento da prole

---

[100] Cf. Leclercq, J., op. cit., pp. 89ss.

guardam maiores semelhanças biológicas com o homem, como são as dos primatas. [101]

195. Essa lei, estabelecida pelos estudos biológicos e sociológicos da nossa época, já foi determinada muitos séculos antes por Santo Tomás.[102]

196. Como observamos, a pedagogia, as ciências naturais e a sociologia convergem todas para conclusões idênticas. Também por meio delas é fácil deduzir a influência negativa que o divórcio exerce sobre a formação da prole.

197. O divórcio interrompe o processo educacional e desintegra a unidade do princípio educador solidário. As conseqüências que estes fatos têm na formação da criança e do jovem são de tal importância, que se chegou a estabelecer, em diferentes países, uma equação de proporcionalidade entre o divórcio e a delinqüência infantil e juvenil.[103]

O divórcio desintegra a unidade do princípio educador solidário e prejudica a prole

---

[101] Morselli, E., Rivista di Roma, fev. de 1902, cit. por Franca, L. op. cit., p. 12.

[102] Santo Tomás estabelece claramente o nexo entre a permanência da união do macho e da fêmea e a necessidade de assistência do macho em relação aos filhotes (*Summa c. gentes* III, 122, 124). Seguindo um método comparativo, semelhante em certa maneira ao de Comte, conclui: "A ordem natural exige que, na espécie humana, o pai e a mãe permaneçam juntos até o fim da vida" (*Summa c. agentes* III, 123).

[103] Cf. Pepiñá Rodriguez, A., "Sociología General", Madrid, p. 405.

O divórcio e a finalidade unitiva do amor conjugal

198. O divórcio compromete seriamente *a estabilidade do amor* conjugal.

O divórcio compromete a estabilidade do amor

199. A grande maioria dos juristas, sociólogos, psicólogos e pensadores – inclusive muitos dos quais defensores do divórcio – sustenta que a estabilidade do amor conjugal, a fidelidade dos esposos e a ajuda mútua prolongada constituem fatos de alto valor para o desenvolvimento normal da personalidade dos esposos. Isso resulta na tranqüilidade do lar e na homogeneidade da educação dos filhos.

A fidelidade ajuda o desenvolvimento da personalidade dos esposos

200. Mas essa integração, que conduz à progressiva perfeição, não se consegue num momento. Exige uma prolongada tarefa, porque a personalidade humana se desenvolve e evolui ascendentemente ao longo da vida. E a vida é um todo contínuo.

201. A permanência da união e do amor encontra-se, como fato natural, na literatura dos povos primitivos tanto ou mais do que na dos povos civilizados.[104]

---

[104] Cf. Leclercq, J., op. cit., p. 18.

202. Os autores divorcistas também reconhecem abertamente que o amor humano tende naturalmente a fazer-se permanente e indissolúvel: a fidelidade conjugal é um ideal absoluto da família humana. Entretanto, argumentam que este "dever ser" não é um "ser de fato". Por isso, o divórcio viria a ser precisamente um instrumento que possibilitaria o nascimento do verdadeiro amor, quando a vida conjugal está apenas sustentada numa pura união jurídica e não numa união de sentimentos. O divórcio seria, portanto, a fórmula adequada para solucionar os casos em que não existe, no matrimônio, a forma natural do amor humano.

> O divórcio é uma solução errada para as crises conjugais

203. Essa idéia, do ponto de vista puramente social, seria parcialmente compreensível se o divórcio fosse apenas um remédio terapêutico para resolver os casos isolados, dolorosos sem dúvida, que impossibilitam o convívio conjugal. Mas essa problemática é muito mais complexa. O divórcio não pode ser considerado apenas como uma solução para casamentos falidos, porque a perspectiva da possibilidade ou impossibilidade do divórcio atua já na própria concepção e desenvolvimento do amor e do matrimônio. A aceitação do divórcio provoca uma mudança na própria maneira de se encarar o matrimônio. Essa idéia

> A possibilidade do divórcio provoca as crises e o próprio divórcio

aparece clara ao se levar em conta que uma escolha acertada no matrimônio é um fator determinante do bom resultado numa união conjugal. Tal escolha nunca será fruto do acaso, mas, sim, de uma reflexão ponderada e de uma preparação adequada. A perspectiva da indissolubilidade alimenta a prudência, já que a união a ser contraída durará toda a vida. Em contrapartida, o divórcio multiplica a imprevidência, porque introduz na mente do casal a idéia de que sempre existirá uma solução legal para remediar uma decisão pouco amadurecida.

O divórcio e as crises conjugais

204. A perspectiva do divórcio tem uma influência especialmente significativa no processo de integração das personalidades dos esposos.

205. No desenrolar da vida conjugal, além de experimentar a etapa do amor sensível, a descoberta da vida em comum e as primeiras alegrias da paternidade e da maternidade, o casal quase sempre enfrenta uma *fase crítica*. Nela, o amor sensível perde a sua força, e a vida em comum adquire o aspecto de responsabilidade familiar, sempre onerosa, diante dos compromissos mútuos.

206. Porém, quando o casal sabe que a união matrimonial deverá durar, legitimamente, a vida toda, os esforços se encaminham no sentido de superar essa e outras possíveis crises. Afinal, se assumiram a responsabilidade de se unirem por toda a vida, fundamentarão sua união muito mais na fidelidade à palavra que empenharam diante de Deus do que na flutuante variação dos sentimentos. Dessa maneira, os momentos difíceis que certamente aparecem e quase sempre são superados por meio desse esforço dão lugar a um amor mais profundo e sereno. Esse amor reassume tanto os valores positivos da juventude quanto os da maturidade humana. E essa síntese supõe a experiência mais plena da vida conjugal.

O compromisso para com a indissolubilidade ajuda a superar as fases críticas

207. Em que sentido atua a perspectiva do divórcio? Quando desaparece o amor sensível e se apresentam mais vivas as dificuldades temperamentais e as responsabilidades familiares, a possibilidade do divórcio pode significar, no horizonte psicológico, uma esperança de "libertação". O que para a lei da indissolubilidade é um despropósito, chega a converter-se, por meio do divórcio, em solução decorosa. Numa tal atmosfera psicológica, em vez de orientarem os esforços no sentido de

A perspectiva do divórcio pode transformar uma etapa transitória em ruptura definitiva

que ambos superem essa fase crítica, acabam por exacerbar ainda mais os conflitos, a fim de justificar a separação.[105]

208. Dessa maneira, o divórcio pode transformar o que seria apenas uma etapa transitória em ruptura definitiva.

209. Em outras palavras, poderíamos dizer que *a simples possibilidade do divórcio acaba por provocá-lo realmente: a dissolubilidade é um incentivo à dissolução.* O divórcio seria, então, como um remédio que, paradoxalmente, aumenta o número dos doentes que dele se utilizam. Admitir o divórcio é, portanto, considerar um bom remédio o que, na realidade, é a causa da doença. "A dissolubilidade – escreve Clóvis Bevilacqua – é, muitas vezes, um incentivo para a dissolução".[106] Desejando solucionar o problema de *uma família*, está-se abalando a própria *instituição familiar,* como entidade única e insubstituível.

210. Em resumo, o divórcio introduz na instituição familiar uma verdadeira inversão de valores:

A possibilidade do divórcio provoca

---

[105] Cf. Bastos de Ávila, F., "O divórcio na perspectiva de uma análise do amor" em *Divórcio para os não-católicos,* Rio de Janeiro, 1958, pp. 112s.

[106] Clóvis Bevilacqua. *Código Civil Brasileiro Comentado.* Rio de Janeiro, 1922, T III, p. 251.

incentiva as separações, prejudicando a con- na família uma inversão solidação do amor e da ajuda mútua. Além dis- de valores so, prejudica profundamente a procriação e a conseqüente educação dos filhos, que constituem as finalidades fundamentais do matrimônio. A sociedade e em definitivo os filhos são os que sofrem as piores conseqüências.

A indissolubilidade na Sagrada Escritura, no Magistério da Igreja e no Direito Canônico

211. Observamos anteriormente que as razões aduzidas a favor da indissolubilidade do matrimônio não foram fundamentadas em bases religiosas. Propositadamente, evitamos aqui toda referência à autoridade da Igreja, a fim de que se destacasse nitidamente o valor sociológico do matrimônio e da família. De fato, a família está alicerçada nos princípios do Direito natural. E este é que oferece ao Direito positivo, canônico ou civil, as suas linhas mestras.

212. Contudo, é evidente – não poderia ser de outra maneira – que a Sagrada Escritura e a Igreja sustentam a lei da indissolubilidade como propriedade essencial do matrimônio.

213. No texto do Gênesis a que já nos referimos, O texto do Gênesis e os "o homem deixará o seu pai e a sua mãe para ensinamentos se unir à sua mulher e serão os dois uma só estabelecem a

carne",[107] a expressão "ser uma só carne" indica uma união indissolúvel com a característica do dom sincero de si mesmo. Esta sempre foi a interpretação tradicional do texto[108] e a que as próprias palavras de Cristo lhe deram: "Desde o princípio da criação, Deus os fez varão e mulher. Por causa disto, deixará o homem seu pai e sua mãe e unir-se-á à sua mulher e os dois serão uma só carne. *O que Deus, pois, uniu, não separe o homem*". Para esclarecer esse pensamento aos seus discípulos, Jesus acrescenta: "Qualquer um que repudiar a sua mulher e se casar com outra comete adultério contra a sua primeira mulher. E se a mulher repudiar o seu marido e se casar com outro, comete adultério".[109]

indissolubilidade e repudiam o divórcio

A indissolubilidade é reforçada pelo sacramento do Matrimônio

214. A Constituição Pastoral *Gaudium et Spes*, do Concílio Vaticano II, recolhe em vários textos essa longa tradição. Citamos apenas um:

A indissolubilidade é reforçada pelo sacramento do Matrimônio

---

[107] Gn 2,24.

[108] Cf. Sutcliffe, E. F., "Comentarios al Antigo Testamento" (Gênesis) em *Verbum Dei*, I, Barcelona, 1956, p. 453; Trevijano, R., "Matrimónio y divorcio em la Sagrada Escritura" en *El Vínculo Matrimonial*, Madri, 1978, pp. 3s.

[109] Mc 10,2-12.

"O amor firmado pela fé mútua e, principalmente, consagrado pelo sacramento de Cristo, é indissociavelmente fiel quanto ao corpo e à alma nas circunstâncias prósperas e adversas, e por conseguinte alheio a toda espécie de divórcio e adultério".[110]

215. Todo o Magistério posterior a esse Concílio, tanto o de João XXIII, como o de Paulo VI e o de João Paulo II, foi uma confirmação do princípio da indissolubilidade.

216. Em todas essas razões, provenientes do Direito natural, da Sagrada Escritura e do Magistério, fundamenta-se firmemente a disposição do Código que determina ser o consentimento matrimonial uma aliança irrevogável,[111] e a *indissolubilidade, uma propriedade essencial do matrimônio.*[112]

Indissolubilidade e amor

217. A indissolubilidade encontra em nosso mundo cultural um renovado questionamento: se os cônjuges se unem em matrimônio por amor,

Quando acaba o amor, acaba o matrimônio?

---

[110] Cf. Concílio Ecumênico Vaticano II, *Gaudium et Spes*, op. cit., n. 48.

[111] Cf. Código de Direito Canônico, cân. 1057.

[112] Idem, cân. 1056.

quando o amor termina não terminará também o casamento? Em outras palavras, se o matrimônio é uma "comunhão íntima de vida e amor",[113] como diz o Concílio Vaticano II, ao acabar o amor não acabará também o matrimônio?

218. Para responder a essa questão, é preciso, em primeiro lugar, entender bem o que significa a palavra *amor*. Há uma diferença imensa entre o significado autêntico e nobre do *amor* e o que se expressa com essas outras formas menores de amor transitório, de paixão turbulenta, de aventura fugaz, de "amorico" leviano. O *amor*, como tal, é em si mesmo eterno, *mais forte do que a morte*,[114] diz a Sagrada Escritura. Ninguém que verdadeiramente ama põe um prazo no seu amor. Ninguém que quer ser amado de verdade aceita uma declaração de amor como esta: "Eu só amarei você enquanto você for atraente, enquanto você me complementar ou até quando durar o sentimento". Pelo contrário, a expressão que utiliza a fórmula litúrgica é bem conhecida e bem diferente: "Prometo amar você até que a morte nos separe!".

> Não, porque o amor não é um sentimento: é mais forte do que a morte

---

[113] Cf. Concílio Ecumênico Vaticano II, op. cit., n. 48.

[114] Cf. Ct 6,8.

219. Em segundo lugar, é necessário compreender que o *matrimônio* não é constituído pelo *sentimento do amor,* mas pelo *consentimento da vontade*, como diz um clássico adágio jurídico ("Matrimonium non facit amor sed consensus"). O sentimento é mutável, flutuante; freqüentemente depende dos aspectos físicos, biológicos, afetivos, temperamentais e psicológicos da pessoa. Já a determinação da vontade é um ato plenamente humano – *um compromisso* – que compreende a personalidade toda. Não existiria nenhuma segurança para os esposos, nem para os filhos, se a relação conjugal ou familiar flutuasse ao sabor dos estados sentimentais, das fantasias afetivas, das paixões desordenadas ou dos impulsos sexuais.

> O matrimônio não é constituído pelo sentimento do amor, mas pelo consentimento da vontade

220. A instituição matrimonial está destinada ao bem objetivo da sociedade e da família, célula básica de toda a ordem social, e não apenas ao bem subjetivo de cada cônjuge. O compromisso matrimonial estabelece um vínculo estável, que representa uma garantia tanto para os cônjuges e os filhos como para a sociedade toda. Se não fosse assim, a família, enquanto fundamento basilar da sociedade, naufragaria sob a força de qualquer vento sentimental. E com ela naufragariam também os filhos.

> A estabilidade do vínculo é uma garantia para os cônjuges e para os filhos

Estes, aliás, não podem ser as vítimas inocentes de um mero impulso emotivo.

221. Não é pequena a distância entre namoro e casamento, entre noivado e matrimônio. O namoro e o noivado implicam uma fidelidade apenas relativa e temporal. Já o matrimônio exige um compromisso definitivo e estável.

222. Esse compromisso, para que possa se tornar consistente e definitivo, precisa do namoro e do noivado como fases de experiência e de prova em preparação para o casamento. Depois, o consentimento prestado por meio de um contrato jurídico solene e público no sacramento do Matrimônio sela esse compromisso responsável para a vida toda.

223. Concluímos, pois, que entre o *amor conjugal* e o *amor sentimental* há uma enorme diferença. E esta deve ser fortemente enfatizada no período do namoro e do noivado, a fim de que o casal, antes de se unir pelo matrimônio, conheça realmente essa distinção. Assim, terão consciência de que, quando porventura diminuir ou terminar a atração física ou mesmo a emocional, não se acabará, também, o compromisso assumido no casamento. E esse compromisso deve levá-los, igualmente, a empenhar-se sempre para renovar o aspecto afetivo e emocional do casamento e a não

A diferença entre o namoro e o noivado, e também entre o amor conjugal e o amor sentimental

deixar esmorecer a mútua atração física que sentiam no início do casamento. A mesma ênfase deve ser dada à força da graça sacramental, pois, quando o amor humano parece esmorecer, a graça do sacramento do Matrimônio atua para consolidá-lo. É bem verdade que não devem faltar o esforço para viver a compreensão mútua e a paciência, como também a luta para se obter um revigoramento espiritual. Entretanto, não se pode contar apenas com os esforços humanos para manter o amor, mas, sobretudo, com a ajuda divina para aprofundá-lo e fortalecê-lo. Afinal, Deus é fiel. Ele "sempre completa aquilo que começa".[115]

A situação dos separados e dos divorciados que contraem nova união

224. A Igreja, como última solução, permite que – por causas graves – um casal que se recebeu em matrimônio faça a separação.

225. Evidentemente, o que a Igreja não permite é o divórcio desse casal e um novo casamento, já que a indissolubilidade é, reafirmamos, uma propriedade essencial no matrimônio.

---

[115] Cf. Fl 1,6.

226. Toda essa matéria foi profundamente estudada e reformulada em 1994, pela *Congregação para a Doutrina da Fé,* no documento "Carta aos Bispos da Igreja Católica a respeito da recepção da Comunhão Eucarística por fiéis divorciados, novamente casados". A seguir, fazemos uma síntese da doutrina exposta por esse documento.

As normas da Congregação para a Doutrina da Fé

227. Os divorciados, quando casados em segunda união no civil, assim como os amasiados, estão em situação irregular na Igreja. Por isso não podem receber os sacramentos da Reconciliação e da Eucaristia. Todavia são convidados a fazer comunhões espirituais, a participar dos serviços compatíveis com a sua situação, atividades sociais e de caridade, círculos bíblicos etc., confiantes na misericórdia do Pai que nos deu o Filho para salvar a todos.

Os casais em segunda união não podem receber os sacramentos da Reconciliação e da Eucaristia

228. Essa norma não é algo desumano. É apenas decorrência de um princípio geral da moral católica, a qual afirma que a Confissão só é válida quando existem *arrependimento* e *propósito de emenda.*[116]

---

[116] Cf. Doc. *Reconciliatio Penitentia.*

229. Em relação ao sacramento da Eucaristia, sabemos que se deve recebê-lo em *estado de graça*, ou seja, sem pecado grave. Ora, como aqueles casais, a situação em que se encontram, não podem receber a absolvição daquele pecado, também não poderão comungar.

230. Entretanto, isso não quer dizer que a Igreja abandona esses casais. Muito pelo contrário! Ela os acolhe e os trata com o maior carinho, como faz uma mãe com os filhos que necessitam de especiais cuidados: eles precisam recuperar a plena saúde espiritual que perderam, por causa da situação em que se encontram. Se não negaram a sua fé nem o seu batismo, mesmo estando numa situação irregular esses casais pertencem à comunidade eclesial.

A Igreja não abandona os "recasados" nem os discrimina

231. Também não se deveria entender essa posição da Igreja como *discriminatória*. Não é discriminatório, numa família, um regime alimentar diferente para aqueles que não podem alimentar-se da comida comum. São Paulo nos diz que quem "come e bebe o Corpo do Senhor indignamente come e bebe a sua própria condenação".[117] E a Mãe-Igreja, evidentemente, não

---

[117] Cf. 1Cor 11,27-29.

quer ver nenhum de seus filhos condenados por comungarem indevidamente.

232. O Santo Padre João Paulo II, na Exortação Apostólica *Familiaris Consortio,* já havia sublinhado essa doutrina com palavras cheias de firmeza e de caridade: "Exorto vivamente os pastores e a inteira comunidade dos fiéis a ajudar os divorciados (que vivem em segunda união), procurando, com caridade solícita, que eles não se considerem separados da Igreja, podendo, e melhor, devendo, enquanto batizados, participar da sua vida. Sejam exortados a ouvir a Palavra de Deus, a freqüentar o sacrifício da Missa, a perseverar na oração, a incrementar as obras de caridade e as iniciativas da comunidade em favor da justiça, a educar os filhos na fé cristã, a cultivar o espírito e as obras de penitência, para assim implorar, dia a dia, a graça de Deus. Reze por eles a Igreja, encoraje-os, mostre-se mãe misericordiosa e sustente-os na fé e na esperança".[118]

233. "Há, além disso – observa a *Familiaris Consortio* –, um outro peculiar motivo pastoral: se se admitissem essas pessoas à Eucaristia, os fiéis seriam induzidos a erro e confusão

---

[118] Cf. João Paulo II, *Familiaris Consortio,* op. cit., n. 84.

acerca da doutrina da Igreja sobre a indissolubilidade do matrimônio".[119]

234. Para tornar mais compreensível essa matéria, poderíamos responder a uma pergunta simples e fundamental: De que maneira uma pessoa divorciada e novamente casada no civil, ou que vive em união estável com outra que não seja seu cônjuge legítimo, pode receber os sacramentos da Penitência e da Eucaristia?

Por que meios as pessoas casadas em 2ª união podem receber os sacramentos da Penitência e da Eucaristia?

De três maneiras:

1. Separando-se da pessoa com quem está, de modo ilegítimo, convivendo maritalmente.

1) Separando-se

2. Vivendo juntos, mas sem manterem relações sexuais: "Quando o homem e a mulher, por motivos sérios – como, por exemplo, a educação dos filhos –, não se podem separar, assumem a obrigação de viver em plena continência, isto é, de abster-se dos atos próprios dos cônjuges. Nesse caso, podem aproximar-se da comunhão eucarística, permanecendo firme, todavia, a obrigação de evitar o escândalo".[120]

2) Evitando as relações sexuais

---

[119] Ibidem.

[120] "Carta aos Bispos da Igreja Católica a respeito da recepção da Comunhão Eucarística por fiéis divorciados, novamente casados", n. 4.

Não se pense que isso é algo teórico ou impossível de conseguir. Não faltam casais, em todo o Brasil, que vivem dessa maneira. Em alguns casos, porque o desejo de receber a Eucaristia é muito forte; em outros, por amor a Jesus Cristo e às leis da Igreja; e, em outros, ainda, porque a sua situação afetiva e etária lhes permite viver a continência mais facilmente.

3. Conseguindo, no Tribunal Eclesiástico, a declaração de nulidade da primeira união e regularizando, diante da Igreja, a nova união. O Código de Direito Canônico de 1983 abre um leque de possibilidades que não se podem deixar de considerar. A esse respeito, é conveniente consultar uma pessoa idônea, bem informada e procurar o competente Tribunal Eclesiástico, para receber as orientações adequadas. Este processo será gratuito, quando verificada a pobreza dos solicitantes.

3) Obtendo a declaração de nulidade da primeira união

Atitudes dos nubentes perante a indissolubilidade e o divórcio

235. Aqueles que vão se casar devem se persuadir de que o matrimônio é irrevogável e para sem-

Persuadir-se de que o matrimônio

pre; um itinerário de santificação a dois que se perpetuará até a felicidade eterna.

é um itinerário a dois que se perpetuará na felicidade eterna

236. O casamento constitui uma espécie de *contrato de adesão a uma instituição natural,* anterior e superior ao casal e que não pode ser modificado por ele. Os contraentes não se aceitam apenas um ao outro para formar uma comunidade de vida qualquer, mas prestam a sua adesão a uma comunhão de vida que possui uma característica imutável: a indissolubilidade.

237. O casal é livre para aceitá-la ou não; mas se a aceitar, compromete-se, pelo matrimônio, a viver esta situação: permanecer unido até que a morte os separe.

238. Por isso, é preciso que se evitem tendências emotivas, movimentos passionais. O amor dos dois deve ser provado e experimentado com a passagem do tempo, para que cada um obtenha um conhecimento mais profundo de seu futuro cônjuge. Assim se poderão evitar muitas decepções depois do casamento.

239. Nunca será demais recomendar toda ponderação em um assunto tão sério e delicado. O pedido de conselho aos pais, aos amigos com uma experiência matrimonial madura, ou ao sacerdote, deverá ser sempre estimulado.

240. O *matrimônio é para sempre.* Por isso os noivos são convidados a esperar para que possam amadurecer o conhecimento mútuo e a seriedade do seu compromisso: que não se precipitem, que submetam essa decisão tão séria a uma refletida ponderação.

O matrimônio é para sempre

241. A essa idéia acrescenta-se uma outra, fundamental e paralela: *para o católico, a possibilidade de se divorciar para se unir, mesmo que só no civil, a outra pessoa, é como se não existisse.* Assim como o católico não pensará nunca no roubo para solucionar os seus problemas econômicos, nem em assassinato para se livrar de um inimigo, também nunca pensará em se divorciar e "recasar-se".

Ter a convicção de que não existe a possibilidade do divórcio e um novo casamento

242. Nesse caso, o ato de se "casar novamente" é, simplesmente, perpetuar o pecado de infidelidade, tornar permanente uma situação de adultério.

243. Tudo isso deve ajudar os que pretendem se casar a refletir, a não serem imponderados. Porém não se devem assustar. Afinal, o sacramento do Matrimônio é o sacramento do amor de Cristo pela sua esposa, a Igreja. Ele dará aos cônjuges a graça e a força suficientes para superarem todas as dificuldades e problemas. Cristo é a própria força unitiva do

Não ter receio: Cristo é a própria força unitiva do casal

casal: quando se colocam os meios humanos necessários, ele nunca permitirá o naufrágio da união matrimonial.

O matrimônio como sacramento

A POSIÇÃO DO MATRIMÔNIO ENTRE OS OUTROS SACRAMENTOS

244. Já sublinhamos que o matrimônio é uma *instituição natural* "elevada por Cristo Senhor à dignidade de sacramento".[121] Por isso o matrimônio ocupa um *lugar singularíssimo* entre os outros sacramentos. À exceção do matrimônio, todos os outros sacramentos foram instituídos por Cristo de modo completo nas suas raízes. O matrimônio não. Ele constituía uma realidade natural, preexistente à própria vinda de Cristo, instituído por Deus no momento em que criou o primeiro casal. Cristo depois elevou essa situação natural à condição de sacramento.

> Matrimônio: um lugar especial entre os outros sacramentos. É uma instituição natural elevada a sacramento

245. Quando o cristianismo começou a se expandir, a Igreja encontrou o casamento como um fato social e jurídico enraizado na vida dos povos. Não o criou, mas o assumiu. Tanto isso

---

[121] Código de Direito Canônico, op. cit., cân. 1055.

é verdade que, quando um casal pagão se batizava, não precisava "casar-se" novamente para receber o sacramento do Matrimônio. Recebia-o, *automaticamente,* depois do Batismo.

246. Essa profunda realidade nos faz entender que o sacramento não se pode separar da instituição natural do matrimônio. Essa instituição, integralmente, é elevada à categoria de sacramento. A partir dessa verdade, há de ficar claro que:

Três consequências dessa realidade

1. "Não pode haver contrato válido que não seja ao mesmo tempo sacramento":[122] o contrato válido entre batizados já é, "ipso facto", isto é, em si mesmo, sacramento.

2. Os ministros do sacramento são os nubentes, e não o sacerdote.

3. A celebração litúrgica poderá ser dispensada em alguns casos. Por exemplo: quando não for possível a presença do sacerdote, nos casos e condições indicados no Código de Direito Canônico. Mas nunca se poderá dispensar a prestação do consentimento por parte dos nubentes – o contrato –, porque isso é o que constitui essencialmente o sacramento.

---

[122] Ibidem, § 2.

247. Concluindo, o sacramento do Matrimônio cumpre uma função importantíssima: eleva à ordem da graça a união conjugal que origina a "célula primeira e vital da sociedade"[123] e a fonte perene da vida, que é a família.

A AÇÃO DA GRAÇA SACRAMENTAL DO MATRIMÔNIO

248. Reafirmamos, repetidas vezes, que o matrimônio é uma instituição *natural,* mas é, ao mesmo tempo, um sacramento. Essa realidade tem uma extraordinária importância.

249. Como instituição *natural,* ele está submetido a todas as fraquezas da natureza decaída pelo pecado. É um fato facilmente constatável, em todo tempo e lugar, as dificuldades que as pessoas casadas têm para viver as finalidades e as propriedades da união conjugal. Isso, principalmente, em relação à fidelidade conjugal, à aceitação dos filhos queridos por Deus e à dedicação à educação destes. O alastramento do divórcio, do controle artificial da natalidade e o abandono das crianças e dos menores são fenômenos sociais que infelizmente têm, cada vez mais, maior extensão e freqüência. O pe-

---

[123] Concílio Ecumênico Vaticano II. Decreto *Apostolicam Actuositatem,* n. 11 d.

cado original feriu profundamente a instituição matrimonial. A sociedade atual perdeu a clara compreensão cristã deste sacramento.

250. O sacramento não atua só no momento da celebração. Ele pervive ao longo de toda a vida matrimonial do casal, permeando as suas relações mútuas, ajudando-o a superar os possíveis conflitos, auxiliando-o a viver a sua vocação. "A graça própria do sacramento do Matrimônio – reafirma o Catecismo da Igreja Católica –, se destina a aperfeiçoar o amor dos cônjuges e a fortificar sua unidade indissolúvel. Por esta graça *eles se ajudam mutuamente a santificar-se na vida conjugal, como também na aceitação e educação dos filhos*".[124]

A graça sacramental aperfeiçoa o amor, fortalece a união

251. Portanto, o sacramento do Matrimônio não comunica a sua graça própria apenas enquanto se está celebrando, mas enquanto permanece. Ela não atua somente de forma passageira, mas também de forma permanente.[125] Essa graça opera como força poderosa para unir os esposos e para ajudá-los a superar as

e atua de forma permanente

---

[124] Catecismo da Igreja Católica, n. 1641.

[125] Encíclica *Casti Connubii*, n. 42. Para se aprofundar nessa interessante questão, veja-se o trabalho de Edmond Boissard, *Questions théológiques sur le mariage* (Les Éditions du Cerf, Paris, 1948), especialmente o capítulo "Le mariage est el um sacrament permanent?", pp. 66-70.

contrariedades, os infortúnios familiares e as diferenças temperamentais; para levar cada cônjuge a compreender o outro, com as suas qualidades e defeitos; para animá-los a assumir as cargas e responsabilidades do lar, na educação dos filhos e nos momentos dolorosos, nas situações de doença e de dificuldades familiares.

252. São Paulo nos ensina que o matrimônio representa a união mística de Cristo com a Igreja.[126] Cristo está permanentemente entre os esposos, para ajudá-los, para vinculá-los estreitamente com toda a sua infinita capacidade redentora e, especialmente, para santificá-los.

253. A vocação para o matrimônio é vocação para a santidade. No Evangelho, com efeito, o Senhor diz-nos, a todos: "Sede perfeitos como o meu Pai celestial é perfeito".[127] Se a maior parte do Povo de Deus é constituída por pessoas unidas pelo matrimônio, pensar que a santidade não é para os casados equivale a dizer que a santidade não é para a Igreja. É notável a maneira como o Concílio Vaticano II reafirmou, de modo claro, o *chamado uni-*

A vocação matrimonial é vocação para a santidade

---

[126] Cf. Ef 5,32.

[127] Mt 5,48.

versal à santidade! De forma especial, essa vocação foi lembrada para nós por João Paulo II, no "II Encontro do Mundial do Papa com as Famílias", realizado na cidade do Rio de Janeiro: "Pais e famílias do mundo inteiro, deixai que vo-lo diga: Deus vos chama à *santidade*! Ele mesmo escolheu-nos *por Jesus Cristo, antes da criação do mundo* – nos diz São Paulo – *'para que sejamos santos na sua presença'*.[128] Ele vos ama loucamente, ele deseja a vossa *felicidade*, mas quer que saibais *conjugar sempre a fidelidade com a felicidade, pois não pode haver uma sem a outra*".[129]

254. Também nós temos que proclamar novamente que o matrimônio não é para o cristão uma simples instituição social. *É autêntica vocação sobrenatural*. Sacramento grande em Cristo e na Igreja, diz São Paulo.[130] Sinal sagrado que santifica, ação de Jesus que invade a alma dos que se casam, transformando toda a vida matrimonial numa caminhada divina feita com pegadas humanas.

---

[128] Ef 1,4.

[129] João Paulo II, *Homilia na Missa Campal no Aterro do Flamengo*, Rio de Janeiro, 5/10/1997.

[130] Cf. Ef 5,32.

A VALORIZAÇÃO DO SACRAMENTO COMO ALGO SAGRADO

255. É igualmente importante sublinhar que o matrimônio não é simples celebração pública, mas algo sagrado. Também não é um mero compromisso social: é compromisso assumido diante de Deus.

O matrimônio não é um mero compromisso social

256. Um antigo adágio cristão nos diz: "*Sancta, sanctae tractanda*" ("As coisas santas devem ser tratadas santamente"). É muito triste que um casal valorize o matrimônio principalmente pela pompa com que se celebra, pela ornamentação do templo, pelas músicas interpretadas, pela beleza do vestido da noiva, pelo brilhantismo da homilia, pela elegância dos convidados, enfim, pelo esplendor da cerimônia. O valor do matrimônio está na presença de Cristo, que une os dois esposos: na realidade única, invisível e extraordinária da ação da graça nos esposos.

Não valorizar o matrimônio pelos aspectos acidentais da cerimônia: seu valor reside na presença de Cristo no sacramento

257. Distrair-se com as aparências exteriores seria o mesmo que ocultar em bijuteria vulgar os diamantes preciosíssimos da graça, banhados pelo sangue redentor de Cristo.

258. Os que vão se casar precisam dedicar a sua atenção para além das coisas acidentais — como os convites, o coquetel, a lua-de-mel,

Atenção aos aspectos essenciais: é preciso recolher-se, meditar e orar

os presentes, a montagem do lar etc. – aos aspectos essenciais desse "sacramento grande em Cristo e na Igreja".[131] Por isso, recomenda-se que, nos dias anteriores e mesmo no dia, os nubentes encontrem um tempo para recolher-se espiritualmente, aprofundar-se, meditar e rezar, em face da missão e do compromisso de amor e vida que estão assumindo.

259. A celebração desse sacramento prime pelo ambiente de fé, simplicidade, beleza, alegria e testemunho de amor e de vida diante da Igreja e da sociedade.

---

[131] Cf. Ef 5,32.

Capítulo 5

PREPARAÇÃO PARA O MATRIMÔNIO E ACOMPANHAMENTO À VIDA FAMILIAR

260. No nosso tempo, é mais necessária do que nunca a preparação dos jovens para o matrimônio e para a vida familiar. As mudanças sociais e culturais exigem que não só a família, mas também a sociedade e a Igreja se comprometam nesse esforço.[132]

Hoje é mais necessária a preparação para o matrimônio

261. A evangelização e a catequese de todos os que se preparam para o matrimônio cristão é fundamental. O sacramento seja celebrado e vivido com as devidas disposições humanas, morais e espirituais.

262. A preparação para o sacramento do Matrimônio e a vida familiar é um processo abrangente de educação permanente para o amor, assumido e santificado pelo sacramento do Matrimônio.[133]

---

[132] Cf. CNBB. Setor Família, *Casamento, Ternura e Desafio*, 1994. Introdução.

[133] SHEID EUSÉBIO, Oscar. *Preparação para o Casamento*. Santuário. 4ª ed., 1989.

263. Considerando-se a natureza profunda do matrimônio e da família – sua importância, suas implicações humanas, sociais, teológicas e eclesiais – a preparação da pessoa e do casal é decisiva. De acordo com a *Familiaris Consortio*, comporta três momentos: preparação remota, próxima e imediata.[134]

Engloba três etapas

Preparação remota

264. A preparação remota é básica. Sobre ela se apóiam as posteriores. Abrange um período bastante grande da vida do ser humano como cidadão e como cristão. Tem seu início no seio da família e percorre o caminho da escola, da catequese da primeira eucaristia e crisma.[135]

1) Preparação remota: começa na primeira etapa da vida, no seio do lar. Aproveitar as oportunidades que a comunidade paroquial oferece aos jovens

265. Desde criança o cristão necessita encontrar na família uma motivação baseada no Evangelho, que a ajude a criar um ideal de vida fundamentado no amor e na solidariedade.

266. Nesse período é muito significativo criar condições para a formação integral dos adolescentes e jovens para a educação da afetividade

---

[134] Cf. *Familiaris Consortio*, op. cit., nn. 65-66.

[135] Cf. Estudos da CNBB 65. Pastoral Familiar no Brasil, n. 39.

e da sexualidade humana.[136] Também é importante aproveitar a oportunidade daqueles que já freqüentam os movimentos e grupos de jovens da comunidade, para lhes oferecer um fundamento da preparação para o matrimônio. À luz dos ensinamentos do Evangelho e do Magistério da Igreja, formem a sua consciência crítica com relação às falsas idéias e imagens veiculadas pelos meios de comunicação social: estes ferem a identidade do matrimônio e da família segundo o projeto de Deus. Nessa matéria é preciso ser claro: sem medo, colocar no seu devido lugar atitudes e mentalidades comuns no meio social, mas contrárias à lógica do Evangelho. Jesus também não foi aceito com facilidade. As suas exigências desafiavam e chocavam as pessoas de sua época.

Preparação próxima

267. A preparação próxima compreende um preparo mais específico, que pode coincidir com o período de noivado. É um momento adequado de evangelização peculiar. Nesse sen-

2) Preparação próxima: pode coincidir com o noivado.

---

[136] Cf. Sexualidade Humana, Verdade e Significado, op. cit., nn. 65-70.

tido, os noivos sejam orientados a descobrir que a sua vocação para o amor é também vocação para a paternidade e maternidade e que existe uma conexão inseparável entre a relação sexual e a abertura à vida. É necessário que compreendam o valor da castidade vivida antes e no próprio casamento. Esta virtude não é um fim, mas um meio para viverem plenamente o seu futuro amor conjugal: viver a castidade é investir no amor. Ao lado desta, acrescentem-se ainda outras virtudes básicas, como a simplicidade, a doação generosa e o bom relacionamento, fundamentado no respeito e na compreensão. É ainda, momento para orientá-los quanto à maturidade humana, o crescimento espiritual na profundidade da fé, animando-os para que amem a Cristo, sigam-no, anunciem-no e dêem testemunho dele em suas vidas.

Momento para uma evangelização peculiar e específica

268. Por preparação próxima entendem-se as providências a serem tomadas pela Pastoral Familiar para que sejam apresentados os elementos fundamentais da vida familiar cristã e dadas as últimas informações, indispensáveis para a realização do casamento. Elemento importante dessa preparação é a realização do *Encontro de Preparação para a Vida Matrimonial* (o "Curso de Noivos"), já tradicional

Encontro de Preparação à vida matrimonial em tempo hábil e atualizado

em nossas dioceses e paróquias. Os candidatos ao matrimônio deveriam participar do encontro com pelo menos seis meses de antecedência em relação à data do casamento. Assim, terão não apenas ocasião, mas também tempo hábil e necessário para colocar intenções e propósitos os mais sólidos possíveis para sua vida cristã ao abraçarem o matrimônio. Ainda terão oportunidade até para considerarem a conveniência de adiarem, contraírem ou não o matrimônio, em face das responsabilidades que o *Encontro* venha a descortinar. Trata-se de um momento de amadurecimento para a decisão final.[137] No desempenho dessa tarefa, a Pastoral Familiar continue insistindo sobre a atualização dos conteúdos e a metodologia, para que os noivos recebam ensinamentos vivos, inculturados e se tornem capazes de responder, eles próprios, aos seus questionamentos e problemas.

Preparação imediata

269. Por preparação imediata supõe-se que os candidatos ao casamento já tenham feito o *En*- O "Encontro de Preparação para a Vida Matrimonial"

---

[137] Cf. CNBB. Setor Família e Vida, Guia de Preparação para a Vida Matrimonial — Encontros para noivos, 2001, p. 10, item g.

contro de Preparação para a Vida Matrimonial, ou estejam por fazê-lo imediatamente. Por isso, nesta etapa prevêm-se primordialmente um diálogo com o sacerdote e a preparação espiritual dos noivos. É preciso aproveitar o momento de aproximação dos noivos à paróquia para que entrem em contato com o pároco ou seu vigário ou o diácono permanente. Em muitos casos, este pode ser o primeiro encontro deles com a Igreja, após anos de afastamento. É, então, uma ocasião privilegiada para favorecer a eles o retorno à vida cristã prática ou à conversão.

270. O sacerdote ou os orientadores instruam os noivos sobre o modo de receber o sacramento: a conveniência de uma Confissão para aproveitar frutuosamente a graça do matrimônio; a importância de acolher o sacramento do Matrimônio em estado de graça e amizade com Deus, para obter plenamente os frutos do Espírito Santo na vida do casal. Esperam-se do pároco especiais atenções nesta preparação imediata ao matrimônio. Essa função não deve ser delegada a um agente de pastoral ou à secretária da paróquia.

Conteúdo do diálogo com o sacerdote: a preparação para uma eventual confissão,

271. Nessa conversa, sejam abordados os temas referentes à fidelidade e à indissolubilidade

esclarecimentos sobre a indissolubilidade

matrimonial, bem como à tarefa sublime de comunicar a vida e de educar os filhos, à qual se comprometem os esposos. Tudo isso, numa linguagem atual, viva, que proporcione aos noivos um encontro pessoal com Cristo e a vivência de uma fé profunda.

e a paternidade e maternidade responsáveis,

272. Destaque-se também o significado extraordinariamente enriquecedor de pertencer à comunidade eclesial e esclareçam-se os noivos sobre o sentido e a riqueza litúrgica do sacramento que se preparam para celebrar. Assim, poderão tomar parte ativa e frutuosa na celebração.

a riqueza do sacramento e a pertença à comunidade eclesial

273. A preparação imediata à celebração do sacramento do Matrimônio por meio de uma pedagogia litúrgico-catequética oferecerá aos noivos o significado e o conteúdo para as adequadas e conscientes respostas ao chamado exame pré-nupcial, exigido pelo Direito Canônico.[138] As três perguntas da liturgia do sacramento do Matrimônio, que precedem ao mútuo consentimento serão, nesse sentido, muito significativas:

As três perguntas litúrgicas do matrimônio como meio pedagógico para conscientizar sobre o compromisso matrimonial

1ª) Viestes aqui para unir-vos em matrimônio. Por isso, eu vos pergunto perante a Igreja: *É de livre e espontânea vontade que o fazeis?*

---

[138] Cf. Código de Direito Canônico, op. cit., cân. 1067.

2ª) Abraçando o matrimônio, ides prometer amor e fidelidade um ao outro. *É por toda a vida que o prometeis?*

3ª) *Estais dispostos a receber com amor os filhos que Deus vos confiar, educando-os na lei de Cristo e da Igreja?*

Se estas perguntas, ou outras semelhantes, forem respondidas com consciência, elas colocam as bases do compromisso matrimonial que os cônjuges assumem: *o sentido verdadeiro da liberdade* (primeira pergunta), *do amor* (segunda pergunta) *e da paternidade responsável* (terceira pergunta).

A celebração do matrimônio

274. Deve-se expressar de maneira clara, na celebração litúrgica do sacramento do Matrimônio, a natureza do pacto conjugal entre batizados. A relevância do sacramento seja demonstrada na preparação dos leitores, dos cantos e da homilia, a fim de que tudo contribua para dar um sentido profundamente religioso, comunitário e festivo a um acontecimento marcante na vida dos participantes.

A preparação da cerimônia

275. A liturgia da Palavra deve situar o matrimônio na história da salvação e expressar claramente que os noivos simbolizam o mistério

da união e do amor pessoal, fecundo, total e exclusivo entre Cristo e a Igreja.[139]

276. Quando as circunstâncias pastorais aconselharem e for possível ao celebrante, o matrimônio seja celebrado dentro da Santa Missa. Assim fica evidenciado que a Eucaristia é o centro e a raiz da vida cristã. Convém recordar também que todos os sacramentos convergem para a Eucaristia. Recomenda-se a comunhão eucarística dos esposos.

A conveniência da celebração do matrimônio dentro da Missa

277. É conveniente conhecer a realidade da vida dos noivos. Assim se podem preparar melhor as fórmulas das orações dos fiéis, também parte integrante da celebração. Estas precisam abraçar as intenções mais diretamente ligadas às necessidades dos noivos, para que estes se sintam acolhidos pela comunidade paroquial que com eles ora.

278. É ao manifestar o consentimento que os noivos celebram, estritamente falando, o sacramento. Os outros rituais – como a bênção das alianças que os esposos usarão até que a morte os separe – são uma ratificação desse consentimento, que estabelece a união indissolúvel dos esposos.

O consentimento matrimonial é indispensável

---

[139] Cf. Ef 5,32.

Os primeiros anos do matrimônio

279. A primeira década de vida conjugal constitui uma fase de grande importância na vida do casal. É o momento de ambos se conhecerem e consolidarem a sua união. Estatísticas indicam que a maior parte dos divórcios ocorre na primeira década do casamento.[140] Esse fato exige que a Pastoral Familiar acompanhe os casais especialmente nessa fase do seu desenvolvimento matrimonial.

Acompanhar os casais nos primeiros anos do matrimônio

280. É preciso construir uma comunidade paroquial viva, capaz de acolher os novos esposos e testemunhar os valores da família. Para isso é necessário preparar agentes de pastoral aptos para estreitarem a amizade com esses casais e conseguirem que venham a se inserir na comunidade eclesial.

Para isso, preparar agentes de pastoral

281. Diante da imaturidade e das primeiras crises do casal, esse hedonismo e o caráter provisório com que freqüentemente é encarada a relação matrimonial podem representar uma perigosa tentação ou desvio: abrem-se as portas para uma eventual separação.

Alertar sobre o perigo do hedonismo

---

[140] Cf. Franca, L., op. cit., p. 51. E também IBGE, dados do Censo 2000.

282. A ação pastoral organize equipes de apoio para desencadear um processo pedagógico de aproximação ou manutenção do vínculo dos novos casais com a comunidade eclesial. Seja por meio de visitas domiciliares e conversas, seja por meio de reuniões de grupo, retiros e encontros. Ao mesmo tempo, cumpre ajudar os casais a encontrar na comunidade acolhida e respostas aos problemas dos primeiros anos de vida matrimonial.

Ação de aproximação dos novos casais à comunidade eclesial

283. É muito conveniente manter contato com as instituições educacionais, escolas de ensino fundamental e médio, creches e escolas de educação infantil. A partir destas, pode-se chegar às famílias que ainda não se aproximaram da comunidade eclesial.

Colaboração com outras pastorais e instituições educacionais

284. A Pastoral do Batismo, em colaboração com as demais pastorais, pode aproveitar o momento em que os pais apresentam seus filhos para receber o Batismo e orientá-los a aprofundarem sua pertença à comunidade que os acolhe e os envia como evangelizadores.

285. É extremamente útil, como já dissemos, propiciar a criação – em âmbito paroquial ou, pelo menos, diocesano – de centros de informação sobre paternidade e maternidade responsáveis e métodos naturais de regulação da natalidade.

Criação de centros de paternidade e maternidade responsáveis e métodos naturais

Estes ajudarão os esposos a planejar os nascimentos, a fim de que tenham condições de realizar a missão de gerar e educar os filhos com prudência e generosidade.

286. Nos seminários, há de se dedicar especial atenção à formação doutrinal e pastoral dos futuros sacerdotes, fator essencial para a formação das consciências e a realização do projeto de Deus para com a família. Uma atuação singular neste campo poderia ser exercida pelos diáconos permanentes e suas esposas.

A consolidação do matrimônio

287. A família é "uma comunidade que há de ser garantida de modo muito particular".[141] Essa afirmação ganha relevância na complexidade da vida moderna. De fato, a falta de tempo, o cansaço, as crises econômicas, as desilusões, a busca individualista de realização pessoal e a competição excessiva entre os esposos podem colocar em risco o matrimônio. Como já vimos, é freqüente as crises matrimoniais, em lugar de contribuírem para o crescimento do casal, desembocarem numa separação, como uma "solução" mais fácil e rápida. Nesse sen-

Alertar para os perigos das crises conjugais e as péssimas conseqüências da separação

---

[141] João Paulo II. Carta às Famílias, n. 15.

tido, a cultura consumista, na qual tudo se torna descartável, atinge o comportamento humano, com graves prejuízos para a família.

288. Em nosso tempo é notória a fragilidade do vínculo conjugal. Mesmo entre católicos, observa-se que muitos estão em segunda ou terceira união, com todos os problemas inerentes a esses novos começos. Desnecessário é lembrar que os filhos são os que mais sofrem. Muitas vezes, no processo de separação, os pais descarregam sobre os filhos mágoas e inseguranças. Várias razões contribuem para isso. Estas vão desde a falta de preparação do casal para a vida e para o casamento – passando pela imaturidade psicológica – até à incapacidade de compreenderem o sentido de um projeto para toda a vida e má compreensão do que seja a fidelidade conjugal.[142]

289. Essa situação requer a presença e o apoio da Pastoral Familiar junto aos casais, especialmente nos momentos de crise, para ajudá-los a superar as dificuldades, sempre que possível, e a perseverar no compromisso assumido perante Deus e a Igreja. Nesses momentos, é necessário prover os casais de suporte espi-

Apoiar os casais em crise

---

[142] Cf. CNBB. Campanha da Fraternidade 1994, op. cit., nn. 36 e 37.

ritual e psicológico, de orientação profissional e jurídica, conforme o caso, e até mesmo de ajuda material, quando necessária. Tais ações precisam ser planejadas, tanto preventiva como curativamente.

290. É preciso ter em conta que o fracasso de um casamento iniciado em um dia cheio de esperança traz sempre consigo um peso e, muitas vezes, um drama terrível para ambos os esposos. Na maioria das vezes, os que se separam são oprimidos por sentimentos de decepção, resignação, recriminação contra si mesmos ou contra o outro. Isso, quando não chegam a pensar que a vida já não tem mais sentido nenhum. Raramente, tal dolorosa experiência pode contribuir para o amadurecimento de uma pessoa e lhe permitir recomeçar uma vida nova.[143] Essa idéia reclama uma grande responsabilidade em nossa ação pastoral. Devemos evitar por todos os meios essas rupturas dolorosas. É necessário considerar: aquilo que aparentemente é algo comum ou de menos importância, como a separação conjugal, traz consigo, quase sempre, graves conseqüências traumáticas para os esposos, para os filhos e a sociedade.

A separação conjugal sempre traz graves conseqüências

---

[143] Cf. Estudos da CNBB 12. op. cit., n. 542.

291. Há necessidade de mecanismos para favorecer o diálogo e o entendimento entre os esposos, para que possam superar a superficialidade, recuperar e valorizar o sentido da vida conjugal. É comum os pais se dedicarem à proteção e à educação dos filhos, descuidando do cultivo do diálogo e do projeto comum entre eles mesmos. Se o casal não tiver a suficiente maturidade, o casamento poderá se esvaziar no seu conteúdo, de forma quase inconsciente, e gerará crises após a emancipação dos filhos. A realidade testemunha uma alta porcentagem de separações e de divórcios em matrimônios que se encontram nessa situação.

Importância do diálogo entre os esposos

A importância do trabalho na família

292. A competição desenfreada, o desemprego, as questões de moradia e sobrevivência, o individualismo possessivo e a busca do sucesso profissional a todo custo repercutem sobre a família. Nem sempre, contudo, esse trabalho fora de casa é necessário, especialmente em se tratando dos casais das classes média e alta. Quando ambos os cônjuges trabalham fora, infelizmente diminui o tempo que destinam à vida pessoal, conjugal e ao relacionamento saudável dos pais entre si e com os filhos. Isso compromete a educação destes.

O excessivo trabalho profissional prejudica os cônjuges e os filhos

293. Em outras situações, no entanto, o desempre-go ou a instabilidade no emprego, juntamente com os baixos salários, desestabilizam a vida familiar. Também a redução ou a ausência de postos de trabalho provoca sofrimentos.[144] Em função dessa triste realidade, a família, como um todo, perde a auto-estima, porque não consegue suprir suas necessidades. E a sensação de fracasso e frustração, inerentes a essa condição, pode levar a situações às vezes dramáticas,[145] com a perda até da própria dignidade.

O desemprego e a instabilidade afetam a vida familiar

294. Por outro lado, o modelo econômico brasileiro, nas últimas décadas, vem valorizando o crescimento econômico em detrimento do desenvolvimento social, cultural e ético. Isso tem incrementado a desagregação familiar e o abandono dos filhos e idosos. Além disso, a situação atual não raro impõe às crianças e adolescentes o ingresso precoce no mercado de trabalho, como mão-de-obra barata; além de os impedir de freqüentarem a escola, essa situação avilta a sua dignidade.

Os males do trabalho infantil

---

[144] Cf. CNBB. Campanha da Fraternidade 1994, op. cit., n. 59.

[145] Idem, n. 99.

295. A ação pastoral empreenda esforços nas seguintes orientações práticas de caráter social: *Orientações pastorais de caráter sociopolítico*

1. Formar as famílias para o exercício da cidadania e a participação nas organizações que visam às mudanças sociopolíticas e éticas. Como ponto de referência para levar a cabo essa obra, ter-se-á em conta a união entre a fé e a vida. Outra ação importante e sempre oportuna é denunciar as políticas econômicas e sociais que fortalecem só o mercado, prejudicando o desenvolvimento da família.[146] E, ainda, colaborar com as pastorais sociais que tenham, como princípio, a evangélica opção preferencial pelos pobres e excluídos.

2. Despertar para a necessidade de conquistar e implementar modelos socioeconômicos orientados para "a realização de uma economia da solidariedade e da participação, expressa em diversas formas de propriedade".[147]

3. Lutar pela implantação de políticas sociais que superem situações de injustiça e favori-

---

[146] Cf. *Familiaris Consortio*, op. cit., n. 44.

[147] Conclusões de Santo Domingo, op. cit., n. 201.

tismos. Apoiar uma política de pleno emprego, moradia, valorização do salário e agricultura familiar entre outras.

4. Impulsionar e dinamizar a promoção e defesa do valor humano do trabalho.[148] Favorecer a formação de trabalhadores e empresários em relação aos seus direitos, deveres e competência profissional. Propiciar encontros para mútua colaboração.

5. Criar e desenvolver centros de atendimento profissional, psicológico e social aos desempregados. Colaborar com aqueles que já existem.

6. Empenhar-se na democratização de um ensino com qualidade, que possa preparar melhor os jovens e adultos para a cidadania e o mercado de trabalho, já que a cada dia surgem novas profissões e se diversificam as opções laborais.

7. Revitalizar o cultivo dos valores humanos do acolhimento, da solidariedade, da prestação de serviços voluntários, principalmente em casos de doença, exclusão social ou catástrofes. Essa característica do povo bra-

---

[148] Idem, n. 185.

sileiro está presente, particularmente, nas comunidades eclesiais de base e grupamentos do povo mais simples.

8. Empenhar-se por conseguir um salário-família condigno. No Brasil, o aumento do salário em função do número de filhos é mais do que irrisório. Em muitos países, o salário-família representa uma ajuda substancial que supre as dificuldades oriundas do aumento da família. Para a família brasileira, essa deveria ser uma das suas principais reivindicações.

Capítulo 6

O MATRIMÔNIO E A FAMÍLIA COMO CAMINHO DE SANTIDADE

Os Movimentos, Serviços, Institutos e Associações Familiares

296. No projeto de Deus, ninguém é esquecido. Todos, pessoalmente, somos chamados à santidade. Essa verdade, tão claramente reafirmada por João Paulo II, em muitas ocasiões, foi sublinhada também na Carta Apostólica *Novo Millenio Ineunte*.[149]

A vocação universal à santidade é dirigida também aos cônjuges

O chamado universal à santidade e o valor santificador do sacramento do Matrimônio nas realidades cotidianas

297. A *Familiaris Consortio*, citando outro importante documento do Vaticano II, afirma que, no projeto de Deus, "a vocação universal à

---

[149] Cf. João Paulo II, Carta Apostólica *Novo Millenio Ineunte*, nn. 30-31.

santidade é dirigida também aos cônjuges e aos pais cristãos: é especificada para eles pela celebração do sacramento e traduzida concretamente nas realidades próprias da existência conjugal e familiar".[150]

298. Como observamos, João Paulo II destaca dois aspectos fundamentais: por um lado, o do *sacramento do matrimônio* que santifica; e por outro, o da *vivência do espírito cristão na vida cotidiana,* ou seja, "nas realidades próprias da existência conjugal e familiar".

Vejamos um pouco mais detalhadamente esses dois aspectos:

1. O VALOR SANTIFICADOR DO SACRAMENTO

299. "O sacramento do Matrimônio, que retoma e especifica a graça santificante do batismo, é a fonte própria e o meio original de santificação para os cônjuges".[151]

300. Os que vão receber-se em matrimônio precisam estar profundamente convencidos de que vão ser espiritualmente enxertados em Jesus Cristo, da mesma forma como se enxerta um

O valor santificador do sacramento: os cônjuges são enxertados espiritualmente em Cristo

---

[150] João Paulo II, *Familiaris Consortio*, op. cit., n. 56.

[151] Ibidem.

ramo numa videira. Nesse caso, a videira, infinitamente fecunda, é o próprio Cristo.

301. Na hora do casamento, os noivos não desviem a sua atenção aos aspectos acidentais e circunstanciais da cerimônia, como o ornato exterior e o brilho social. Concentrem toda a atenção para o núcleo do seu significado: por esse ato, eles vão saciar sua sede na peculiar e original fonte de santidade que São Paulo chama "o grande sacramento"[152] da união e do amor fecundo entre Cristo e a sua Igreja.

302. O "sim" pronunciado pelos dois não é algo passageiro. Reveste-se de grande importância, pois é o portal que introduz a uma vida permanente de santificação mútua.

303. Essa realidade é lembrada pela *Familiaris Consortio*: "O dom de Jesus Cristo não se esgota na celebração do matrimônio, mas acompanha os cônjuges ao longo de toda a existência. O Concílio Vaticano II recorda-o quando diz que Jesus Cristo 'permanece com eles, para que, assim como ele amou a Igreja e se entregou por ela, de igual modo os cônjuges, dando-se um ao outro, se amem com perpé-

A graça do sacramento acompanha os cônjuges ao longo de sua vida

---

[152] Ef 5,32.

tua fidelidade [...]'. Por esse motivo, os esposos cristãos são fortalecidos e como que consagrados em ordem aos deveres do seu estado por meio de um sacramento especial; cumprindo, graças à energia deste, a própria missão conjugal e familiar, penetrados do espírito de Cristo, que impregna toda a sua vida de fé, esperança e caridade, avançam sempre mais na própria perfeição e mútua santificação e cooperam assim, juntos, para a glória de Deus".[153]

2. A VIVÊNCIA DESSA REALIDADE NO DIA-A-DIA

304. Embora tudo o que foi dito pareça excessivamente "teológico", "elevado" ou "teórico", na verdade não o é. Simplesmente, porque tudo isso deve "traduzir-se concretamente – e de fato se traduz na vida de muitos esposos – *nas realidades próprias da existência conjugal e familiar*".[154]

Alcançar a santidade nas realidades da vida conjugal

305. "Não se pode construir uma espiritualidade matrimonial esquecendo aquelas que são as suas tarefas primordiais... São estas mesmas realidades conaturais ao matrimônio, tais como

A espiritualidade matrimonial inserida nas realidades do amor

---

[153] João Paulo II, *Familiaris Consortio*, op. cit., n. 56.

[154] Ibidem.

o amor humano, a procriação e educação dos filhos, a fidelidade e cada um dos deveres que estas implicam, as que, vividas no espírito de Cristo, santificam os cônjuges como tais".[155]

humano, da procriação e educação dos filhos

306. Essa explicação, tão clara e simples, vai na "contramão" de uma outra realidade comum em certas paróquias e comunidades: alguns casais pensam que são tanto "mais católicos" quanto mais se engajam nas pastorais e demais serviços da paróquia e da Igreja, descuidando de alguns de seus deveres familiares. Essa maneira de pensar e atuar sua vocação de casado, às vezes, representa uma grave tentação que os leva a fugir dos deveres e obrigações próprios do lar que constituíram.

307. Com efeito, fora do lar, nesse ambiente da paróquia ou da comunidade, alguns católicos se sentem acolhidos e promovidos, porque encontram nele o eco das suas próprias idéias e pretensões. Daí, talvez inconscientemente, negligenciam as tarefas domésticas, a educação dos filhos e a evangelização da família: tanto dessa família pequena, formada pelos

Não se separar das exigências do lar nem negligenciar os deveres familiares

---

[155] João Paulo II, Discurso ao Conselho Pontifício da Família, 10 de outubro de 1986, n. 4.

filhos, como da outra grande família, integrada por parentes, amigos dos parentes e familiares longínquos. Fundamentalmente, é esse o mundo que são chamados a santificar. Precisam abrir-se às ondas contrárias da sociedade e dos seus problemas, sem se fechar nos ambientes – às vezes estreitos e rarefeitos – de uma pastoral paroquial que nunca deverá ser inibida e minimizadora. A vida de uma comunidade eclesial há de representar a força que impulsiona uma ação evangelizadora missionária, que tenda a cristianizar a sociedade, começando pela família, seu primeiro núcleo e célula básica.

308. O Papa João Paulo II freqüentemente fala dessa obrigação indeclinável de santificar-se na família, no meio "das suas tarefas primordiais". O fermento tem que estar intimamente inserido na massa. Para um casal que se recebeu em matrimônio, fugir da família e dos deveres inerentes a ela seria como fugir de Deus.

309. Podemos expressar essas idéias de uma forma viva, encarnada no exemplo luminoso do lar de Nazaré. Família simples que viveu a vontade de Deus com amor e soube sobrelevar o sofrimento com serenidade e alegria.

310. Que faziam Maria e José? Trabalhavam o dia inteiro nos afazeres da casa ou do trabalho profissional: na limpeza da cozinha, na lavagem e na costura de roupa, nas compras necessárias para a manutenção do lar, na busca de água na fonte da aldeia, nos contatos com os parentes e vizinhos, nas idas ao Templo, ou nos afazeres de marcenaria, na confecção de uma porta, de um arado [...]. Faziam essas coisas normais, pequenas, que podem, no entanto, se converter em grandes pelo amor. Maria e José amavam continuamente porque a finalidade de todo o seu trabalho era a vontade de Deus, era Jesus. Jesus era toda a motivação da vida de Maria: da comida que ela preparava, da roupa que costurava, do trigo que moía, da farinha que amassava e até do ar que respirava. [...] E Jesus era, também para José, a motivação de tudo: do banco que construía, da madeira que transportava, do cansaço da faina cotidiana [...]. Maria e José foram as criaturas mais santas que viveram na terra depois de Jesus Cristo. Como se santificaram? Fazendo, por amor de Deus, o trabalho trivial, cansativo, mas nobre, de uma mãe, dona de casa, e de um pai dedicado, dia após dia, ano após ano, comprovado no sofrimento e na esperança da fé que vence o mundo.

Um modelo: a vida quotidiana de Maria e José

311. Que exemplo digno e belo para todas as mães e pais! Como Maria e José, fazer com perfeição e amor todos os pequenos deveres do dia-a-dia. Nada é desprezível, quando se faz por amor a Deus. Assim foi a oferta de duas pequenas moedas da pobre viúva, no Templo de Jerusalém. Foi a única esmola – sendo a menor – que fez brilhar de alegria os olhos do Senhor.[156]

312. Também podemos constatar numerosos exemplos e modelos de mães e pais que com grande carinho, responsabilidade e amor aceitaram, cuidaram e educaram filhos com necessidades especiais, crianças excluídas e abandonadas. Muitas vezes, inclusive, incorporando-os numa família numerosa.[157]

313. A vida cristã não está dividida em compartimentos estanques, como gavetas classificadoras, uma para cada atividade: o trabalho do lar, a oração, os afazeres profissionais e fraternos, a missa dominical, a responsabilidade e solidariedade pastoral, o cuidado das crianças... Ao contrário: todas as nossas ações, pensamentos e palavras precisam entrelaçar-se numa unidade de vida simples e coerente.

Este modelo exige unidade de vida

---

[156] Cf. Mc 12,41-44.

[157] Poderíamos acrescentar muitos testemunhos de pessoas que chegaram inclusive a gestos heróicos como Gianna Beretta Mola, canonizada em maio de 2004.

314. Portanto, não podemos ter vida dupla, se queremos ser cristãos. Temos uma única vida, composta de corpo e espírito. É esta que tem de ser, tanto na alma como no corpo, santa e plena de Deus. Desse Deus invisível, que se torna patente para nós nas coisas mais rotineiras e materiais, sinais do seu amor providente.

Evitar uma vida dupla

315. É nessa atitude que, em família, queremos e devemos *querer ver Jesus, Caminho, Verdade e Vida*.[158] Não há outra alternativa: ou buscamos encontrar o Senhor em nossa vida de todos os dias, ou não o encontraremos nunca.

316. Esse estilo de vida cristão é o que significa "traduzir a vocação universal à santidade nas realidades próprias da existência conjugal e familiar".[159]

317. De uma forma mais concreta poderíamos especificar essas realidades a que se refere a *Familiaris Consortio*: o amor conjugal, a convivência familiar, a educação dos filhos, o trabalho doméstico e profissional, conforme as indicações seguintes:

---

[158] Cf. Projeto de Evangelização da CNBB – 2004-2007.

[159] João Paulo II, *Familiaris Consortio*, op. cit., n. 56.

A santificação do amor conjugal e a convivência familiar ao lado dos filhos

318. Embora já tenhamos tratado desse tema em outro capítulo, vamos complementá-lo aqui com uma abordagem sobre a santificação específica da vida matrimonial.

319. O amor conjugal sadio e nobre precisa crescer no mesmo ritmo que o amor a Deus. Para crescer, o amor tem de se renovar. Santo Agostinho diz que o amor não pode parar: se não se renova o combustível, o fogo do amor se apaga.

A santificação da vida matrimonial exige renovar sempre o amor conjugal

320. O crescimento do amor conjugal tem de acompanhar o crescimento da vida interior e vice-versa. "Como vamos amar a Deus, a quem não vemos, se não amamos o próximo, a quem vemos?".[160]

321. O sacramento do Matrimônio coloca Jesus Cristo, de modo muito especial e concreto, entre os esposos. De tal maneira que, quando se amam – e devem amar-se sempre –, estão amando a Cristo; e quando dialogam entre si, mesmo que seja sobre as coisas mais insignificantes da vida cotidiana, estão dialogando com Cristo, estão fazendo oração, ainda que

Fomentar o diálogo, crescer nas dificuldades

---

[160] Cf. 1Jo 4,20.

não o percebam, pois o Senhor os escuta e lhes responde com a sua graça e a sua ajuda.

322. Aumentar o amor mútuo é o mesmo que dilatar o amor de Deus. O amor conjugal tem que ser profundo e progressivo, como o amor a Deus. Por isso, nem os obstáculos, nem as provações, nem a própria monotonia do dia-a-dia poderão deter – para quem ama a Deus – o aumento progressivo do amor conjugal.

323. Aqueles que foram chamados por Deus para formar um lar devem amar-se sempre, com aquele amor entusiasmado que tinham quando eram namorados ou noivos. O matrimônio, que é sacramento e vocação, não pode se abalar quando chegam as dores e os contratempos que a vida sempre traz consigo. Aí é que o amor aprende a tornar-se mais firme. As contrariedades e os sacrifícios generosamente partilhados unem profundamente o casal. Nesse sentido, o espírito de sacrifício, o amor à cruz é indispensável para crescer na santidade conjugal.

324. Mas essa verdade não pode ficar assim, reduzida a uma simples e bela teoria. Ela tem de se configurar na vida do dia-a-dia. Como? Lutando para vencer o egoísmo pessoal, que nos leva a pensar que estamos certos e que a outra parte é que está errada; abrindo os olhos

> É preciso saber sacrificar-se no dia-a-dia

e a mente para enxergar, na sua verdadeira dimensão, o modo de pensar e de ser do outro cônjuge, os seus gostos, a sua sensibilidade; alargando o coração para compreender a sua escala de valores, as suas limitações e, sobretudo, os seus defeitos; saindo do comodismo pessoal, para cooperar, com toda a capacidade, na manutenção e conservação do lar, nos seus mil encargos e afazeres e na educação dos filhos, com as suas várias implicações. Muito especialmente, é preciso saber sacrificar-se, como a mãe na hora do parto, para dar à luz filhos bem formados e amadurecidos à sociedade. Santo Tomás diz que a família é como o "útero social", que vai engendrando e desenvolvendo os filhos, até a sua maioridade, para entregá-los ao mundo satisfatoriamente desenvolvidos.[161]

325. Não haverá uma possível e autêntica santidade para os esposos, se não houver esse esforço para superar o egoísmo pessoal. Pretender o contrário seria hipocrisia, pois o egoísmo impede a união total, a doação plena dos cônjuges entre si e a integração na vida dos seus filhos. Eis a chave da felicidade!

Superar o egoísmo pessoal

---

[161] Cf. LLANO CIFUENTES, Rafael. *Noivado e Casamento*, orientações para solteiros e casados. 2ª ed. São Paulo: Paulus, 2000. pp. 280ss.

326. A prática da piedade cristã desprovida desse esforço sincero estaria esvaziada de conteúdo. Daria lugar a uma mera "pieguice" ou "carolice".

327. Esse empenho para conseguir a unidade do amor redunda também em benefício dos filhos. O fruto mais substancial do amadurecimento espiritual dos esposos e a lição pedagógica mais importante que eles devem dar aos filhos é a da sua união sólida e inquestionável, que se dilata no relacionamento fraterno e dos filhos entre si.

Isto redunda em benefício dos filhos

328. O primeiro dever-compromisso dos pais para com os filhos é o de se amarem um ao outro. A primeira necessidade da criança é crescer num lar unido, estável, e encontrar o seu pai e a sua mãe vinculados numa única vontade. É por isso que os filhos vêm reforçar o amor entre os pais. Às vezes, inclusive, representam o único laço que ainda os mantém unidos.

O primeiro dever dos pais para com os filhos é o amor mútuo

A espiritualidade no lar: oração conjugal e familiar

329. Na vida de piedade de um lar cristão, todos precisam participar: marido e mulher, filhos, parentes quando existam, até mesmo os empregados e empregadas. E, de acordo com cada situação, até os vizinhos, às vezes.

Deve existir a vida de piedade própria da família como tal

330. É certo que cada membro da família possui a sua vida interior. Mas deve existir *a vida de piedade própria da família como tal*, que represente verdadeiramente a "alma" daquele lar, donde se irradiam bênçãos divinas.

331. Um fator importante da educação da fé é o aprendizado da oração. Este aprendizado "não se pode dar por suposto; é necessário aprender a rezar, voltando sempre de novo a conhecer esta arte dos próprios lábios do divino Mestre".[162] Eis aí uma tarefa imprescindível, que há de envolver os Pastores e Agentes de Pastoral em todos os âmbitos.

Aprender a rezar em família

332. Em virtude da sua dignidade e missão, os pais cristãos têm a tarefa específica de educar os filhos para a oração, de introduzi-los na descoberta progressiva do mistério de Deus e no relacionamento pessoal com ele. É desejável que a Pastoral Familiar possa ajudá-los nessa missão, por meio de subsídios, encontros, retiros, palestras e outras dinâmicas. Tenham-se presente as seguintes considerações:

1) "Elemento fundamental e insubstituível da educação para a oração é o exemplo concre-

---

[162] Cf. João Paulo II. *Novo Milennio Ineunte*, op. cit., n. 32. O Papa continua citando Lc 11,1 (*Senhor, ensina-nos a orar*) e Jo 15,4 (*Permanecei em mim...*).

to, o testemunho vivo dos pais. Somente rezando em conjunto com os filhos, pai e mãe, cumprem o próprio sacerdócio real, entram na profundidade do coração dos filhos, deixando marcas que os acontecimentos futuros da vida não conseguirão apagar."[163] "A oração reforça a estabilidade e a solidez da família, fazendo com que ela participe da 'fortaleza de Deus'".[164]

Os pais têm que dar exemplo de oração

2) Essa oração feita em comum terá como conteúdo original a própria vida de família: alegrias e dores, esperanças e tristezas, nascimento e festas de anos, aniversários de núpcias dos pais, partidas, ausências e regressos, escolhas importantes e decisivas e até mesmo a morte de pessoas queridas.[165]

O conteúdo da oração: a própria vida da família

3) Além disso, a oração, como encontro com Cristo, não se expressa "apenas em pedidos de ajuda, mas também em ação de graças, louvor, adoração, contemplação, escuta, afetos da alma, até se chegar a um coração verdadeiramente 'apaixonado'"[166] e à expe-

---

[163] João Paulo II. *Familiaris Consortio*, op. cit., n. 60.

[164] Cf. João Paulo II. Carta às Famílias, op. cit., n. 4.

[165] Cf. João Paulo II. *Familiaris Consortio*, op. cit., n. 59.

[166] Citado por João Paulo II, *Novo Millennio Ineunte*, op. cit., n. 33.

riência da contemplação no meio das realidades quotidianas.

4) É muito aconselhável que as famílias, por mais simples que seja a sua casa, reservem um espaço (mesmo na parede apenas), um singelo ambiente, adequado para a oração em família. Pode até ser um dos quartos, a sala, ou mesmo a cozinha. Um "cantinho de oração", com símbolos religiosos, a Bíblia, o Crucifixo, o Rosário. Aí, os filhos aprendem a respeitar e a se relacionar com o sagrado, a rezar e a estar com Deus. As crianças deveriam "sugar com o leite materno o amor de Deus", o louvar, agradecer, suplicar e glorificar a Deus.

Reservar um "cantinho" para a oração

ALGUMAS PRÁTICAS ESPIRITUAIS NO LAR

333. Existem práticas de piedade, poucas, breves e habituais, que sempre se viveram nas famílias cristãs, como, por exemplo, a oração antes e depois das refeições e a recitação do rosário em comum. Que agradável aroma – o "bom odor de Cristo" [167] – deixam estas palavras que o **Papa Paulo VI** dirigiu aos pais:

Com as práticas de piedade próprias da família cristã se constrói a Igreja doméstica

---

[167] 2Cor 2,15.

"Mães, ensinai aos vossos filhos as orações do cristão? Em consonância com os sacerdotes, preparais os vossos filhos para os sacramentos da primeira idade: confissão, comunhão, crisma? Habituai-os, quando enfermos, a pensarem em Cristo que sofre? A invocar o auxílio de Nossa Senhora e dos Santos? Rezais o Rosário em família? E vós, pais, sabeis rezar com os vossos filhos, com toda a comunidade doméstica, pelo menos algumas vezes? O vosso exemplo, na retidão do pensamento e da ação sufragada com alguma oração comum, tem o valor de uma lição de vida, tem o valor de um ato de culto de mérito particular; levais assim a paz às paredes domésticas. Recordai: deste modo construís a Igreja".[168]

334. João Paulo II não se cansa de insistir sobre a conveniência da recitação do Santo Rosário em família:

335. "Queremos agora, em continuidade de pensamento com os nossos predecessores, recomendar vivamente a recitação do Santo Rosário em família. Não há dúvida de que o Rosário da bem-aventurada Virgem Maria deve ser considerado uma das mais excelen-

O Rosário em família

---

[168] João Paulo II. *Familiaris Consortio*, op. cit., n. 60.

tes e eficazes orações em comum que a família cristã é convidada a recitar. Dá-nos gosto pensar e desejamos vivamente que, quando o encontro familiar se transforma em tempo de oração, seja o Rosário a sua expressão freqüente e preferida. Desta maneira, a autêntica devoção mariana, que se exprime no vínculo sincero e na generosa série das posições espirituais da Virgem Santíssima, constitui um instrumento privilegiado para alimentar a comunhão de amor da família e para desenvolver a espiritualidade conjugal e familiar. Ela, a Mãe de Cristo e da Igreja, é também, de fato, de forma especial, a Mãe das famílias cristãs, das Igrejas domésticas".[169]

336. Também o recurso dos vários subsídios de evangelização da própria Pastoral Familiar sugerem belas e oportunas reflexões e orações em família ou grupos.

Vida sacramental

337. A comovente exortação do Santo Padre nos convida a lembrar, ainda, que a vida sacramental é indispensável para a santificação da família.

---

[169] Ibidem n. 61.

338. "Uma parte essencial e permanente do dever de santificação da família cristã é o acolhimento do apelo evangélico de conversão dirigido a todos os cristãos [...]. O arrependimento e o perdão mútuo no seio da família cristã, que se revestem de tanta importância na vida cotidiana, encontram o seu momento sacramental específico na penitência cristã. Paulo VI escrevia aos cônjuges na Encíclica *Humanae Vitae*: 'Se o pecado os atingir, não desanimem, mas recorram com humilde perseverança à misericórdia de Deus, que com prodigalidade é generosamente dada no sacramento da Penitência".[170]

O perdão e a reconciliação em família

339. Segundo expressão do Vaticano II, "o centro e a raiz" da família é a Eucaristia. O lar cristão não pode deixar de ser efetivamente "cristocêntrico". Na Eucaristia está real e substancialmente o próprio Cristo que se imola de novo no Santo Sacrifício da Missa, como força e sustento das famílias.

A Eucaristia, centro e raiz da família

340. "A Eucaristia é a fonte própria do matrimônio cristão. O sacrifício eucarístico, de fato, representa a aliança de amor de Cristo com a

---

[170] Citado por João Paulo II, *Familiaris Consortio*, op. cit., n. 58.

Igreja. Neste sacrifício da Nova e Eterna Aliança é que os cônjuges cristãos encontram a raiz da qual brota e é interiormente plasmada e continuamente vivificada a sua aliança conjugal. Como representação do sacrifício de amor de Cristo pela Igreja, a Eucaristia é fonte de caridade. E no dom eucarístico da caridade, a família cristã encontra o fundamento e a alma da sua 'comunhão' e da sua 'missão': o Pão eucarístico faz dos diversos membros da comunidade familiar um único corpo, revelação e participação na mais ampla unidade da Igreja; a participação, pois, no Corpo dado e no Sangue derramado de Cristo torna-se fonte inesgotável do dinamismo missionário e apostólico da família cristã".[171]

341. O Domingo é o dia do Senhor (Domingo deriva de "Dominus", Senhor). A Missa não é um "algo a mais" ou uma "obrigação semanal a ser cumprida" no panorama do domingo. É, pelo contrário, o ponto central da semana. Afirma-o o Papa João Paulo II: "O domingo é o dia supremo da fé, um dia indispensável, o dia da esperança dos cristãos (...). Dia do repouso e dos elogios ao Senhor, mas

A Missa dominical

---

[171] Ibidem, n. 57.

que, sem a Eucaristia, perde seu verdadeiro significado (...). A cultura secular está mudando a vida em família".[172] É belo ver uma família inteira, pais e filhos, participando unidos da Santa Missa.

342. "A participação na Eucaristia seja verdadeiramente, para cada batizado, o coração do domingo: um compromisso irrenunciável, assumido não só para obedecer a um preceito, mas como necessidade para uma vida cristã verdadeiramente consciente e coerente".[173] Nas muitas comunidades onde não é possível a celebração regular da Eucaristia dominical, seja incentivado o esforço para Celebrações da Palavra de Deus, direcionadas para a liturgia do domingo. Além disso, seja valorizada a celebração dos tempos litúrgicos, ressaltando a espiritualidade e as atitudes próprias de cada tempo, e fazendo tudo convergir para o mistério central da Páscoa.

343. Todos os sacramentos, tendo como centro a Eucaristia, são momentos particularmente in-

A pastoral sacramental aberta a todas as famílias

---

[172] João Paulo II, 26 de março de 2004.

[173] João Paulo II. *Novo Millennio Ineunte*, op. cit., n. 36. Sobre o domingo, a exortação do Papa João Paulo II está desenvolvida mais amplamente na Carta apostólica *Dies Domini* (O Dia do Senhor, 31 de maio de 1998).

tensos da comunhão com Deus. Zelem os Pastores e Agentes de Pastoral para que sua celebração seja adequadamente preparada e vivenciada. Tenham presente que a pastoral sacramental, de fato, não se dirige apenas aos católicos "praticantes". Ao contrário, deve atender a um grande número de católicos que desejam ainda manter um certo vínculo com a Igreja, particularmente por meio de certos sacramentos e/ou sacramentais, como é o caso do matrimônio, batismo e primeira comunhão dos filhos, bênçãos, atendimento aos enfermos, exéquias ou missas pelos defuntos da família. Essas pessoas devem ser acolhidas com carinho, devem ser ouvidas, mesmo que suas motivações nos pareçam incompletas ou insatisfatórias.

344. Não temos de impor as mesmas exigências a todos, uma vez que as pessoas são diversas e os graus de proximidade com a vida eclesial são muito diferentes. Em certos casos, também nas coisas espirituais, é dever do pregador oferecer leite aos seus fiéis, e não alimento sólido.[174] Como já dissemos, mesmo quando a pessoa não tem condições para ser admitida

Dar atenção a todos, seja qual for a sua situação

---

[174] Cf. 1Cor 3,2.

ao sacramento da Eucaristia, ela deve chegar a sentir-se acolhida na Igreja. Nesse caso, é salutar orientá-la, a fim de que se deixe atrair por Jesus e encontre o caminho para uma plena participação sacramental.[175]

345. Além dos já citados e das solenidades do Ano Litúrgico, é importante também valorizar outros tempos fortes, como a Semana Nacional da Família, o dia das mães, dos pais e das crianças; o dia nacional da vida e do nascituro, novenas, romarias, festas dos padroeiros e outros.

Valorizar os "tempos fortes"

346. Quando o clima, o ambiente dessa família se vai aquecendo, progressivamente, com as virtudes cristãs e as práticas de piedade, especialmente da santa Missa e da Comunhão (também a espiritual), ela se torna uma fornalha, um verdadeiro centro irradiador de valores cristãos, uma pequena "Igreja doméstica".

Outros aspectos relevantes da espiritualidade no lar

Convém aqui insistir, apesar de possíveis reiterações, em alguns aspectos já abordados, para o bem da vida cristã em família.

---

[175] Cf. CNBB. DGAE 2003-2006, anteprojeto, n. 32.

ESCUTA DA PALAVRA E CATEQUESE EM FAMÍLIA

347. A família cristã é chamada a alimentar-se da escuta contínua da Palavra de Deus.[176] Nesse sentido, fazemos algumas recomendações:

Refletir sobre a Sagrada Escritura em família

1) Seja incentivada e reforçada a prática da leitura pessoal da Bíblia, conforme as orientações do Concílio Vaticano II[177] e, especialmente, a prática dos "círculos bíblicos", das reuniões familiares ou de grupos de famílias, para a leitura da Bíblia e a reflexão sobre a vida cristã hoje, tal como apresentam alguns subsídios da Pastoral Familiar, da Catequese e da Liturgia.

2) Seja promovida a catequese dentro da família como elemento fundamental para o crescimento na fé. Pois os ambientes da escola, da cultura e da vida social estão, com freqüência, marcados por um forte pluralismo e não comunicam com clareza os valores cristãos. A própria família, muitas vezes, se sente incapacitada para assumir a

Promover a catequese familiar

---

[176] Ibidem, nn. 21-23.

[177] Cf. Concílio Ecumênico Vaticano II. *Dei Verbum,* nn. 25. Aos pastores e educadores, recomenda-se o estudo do documento da Pontifícia Comissão Bíblica, *A interpretação da Bíblia na Igreja* (15/4/1993), precedido pelo Discurso de S.S. João Paulo II à mesma Comissão (23/4/1993).

responsabilidade da educação da fé. Ela precisa, contudo, esforçar-se para que, no lar, os filhos encontrem as próprias fontes da doutrina cristã.

3) Além da catequese, as dioceses, colaborando entre si e com o Estado, apóiem o ensino religioso nas escolas para fortalecer a "formação integral" das crianças e jovens. Ele não se situa na perspectiva da catequese, mas é um instrumento para responder à dimensão religiosa do ser humano e dar sentido à sua existência.[178]

Apoiar o ensino religioso nas escolas

O DIÁLOGO, A DOR E O EXERCÍCIO DO PERDÃO

348. A comunhão familiar requer "de todos e de cada um, pronta e generosa disponibilidade à compreensão, à tolerância, ao perdão, à reconciliação".[179] Na família, pais e filhos aprendam a cobrir com o manto da misericórdia as fragilidades de uns e de outros: perdoar sempre e começar de novo. Na prática de seus relacionamentos, pais e esposos alcançam

Perdoar sempre

---

[178] Cf. CNBB. Documento 62, *Missão e Ministério dos Cristãos Leigos e Leigas*, nn. 186ss.

[179] Cf. João Paulo II. *Familiaris Consortio*, op. cit., n. 21.

maior êxito na educação de seus filhos e na convivência, quando aprendem a se perdoar e a se reconciliar mutuamente.

349. O diálogo é uma exigência intrínseca da própria evangelização. Faz parte da missão dos cristãos renovar o milagre de Pentecostes, em que todos entendiam a linguagem dos apóstolos. É missão da família contribuir para educar as pessoas para o diálogo, a abertura ao irmão, a aceitação do diferente, o respeito mútuo e a difícil arte de saber ouvir.

A necessidade do diálogo

350. Um terreno particularmente fértil para essa tarefa se oferece no caso de *casamentos mistos* (entre católicos e cristãos não-católicos), ou nos *casamentos com disparidade de culto* (entre católicos e não-cristãos). Nesses casos, o cônjuge católico, motivado pelo amor que o une, demonstre sincero respeito pela liberdade religiosa e pelas convicções do outro. Os agentes da Pastoral Familiar procurem conhecer os princípios básicos do Ecumenismo, para poder orientar os casais nessa situação. A família, como Igreja em miniatura, poderá dar testemunho daquela unidade em Cristo Jesus, à qual as Igrejas aspiram e pela qual lutam.

Casamentos mistos: respeito mútuo

351. A comunidade eclesial é convocada a dar um claro testemunho de seu empenho para supe-

Superar toda forma de

rar toda forma de discriminação das famílias, por motivos de raça, nacionalidade, religião, condição social ou física, no espírito do Evangelho: Deus não faz discriminação entre as pessoas. Igualmente, haja um empenho para que as diferentes tradições culturais e religiosas, tanto de raças quanto de nações, sejam respeitadas, valorizadas e apoiadas.

discriminação das famílias

ESPÍRITO DE SERVIÇO E SOLIDARIEDADE

352. Pelos laços de amor que une seus membros, a família é convocada a ser a primeira e fundamental experiência de fraternidade. Partilhando todos os dias do mesmo lar, do mesmo alimento, das mesmas alegrias e angústias, os membros da família acabam desenvolvendo o sentimento de um destino comum.

353. A tarefa de implantar uma *nova civilização do amor*[180] representa um encargo específico encomendado à família cristã. Com efeito, a família cristã deve constituir o paradigma dessa *nova civilização do amor*. Ela é o melhor laboratório para elaborar os valores que constituem essa civilização: o amor vivido nas re-

Família: laboratório dos valores da nova civilização do amor

---

[180] Expressão criada por Paulo VI, em 1976.

lações cotidianas entre esposos, entre pais e filhos, entre jovens e idosos, bem como no empenho de ajuda a outras famílias em dificuldades; o modo concreto, familiar e insubstituível, de viver a acolhida, o respeito, o serviço para com cada ser humano, considerado sempre na sua dignidade de pessoa e de filho de Deus; a hospitalidade, como uma forma preciosa de concretizar o amor cristão, de forma muito especial, o amor pelos mais pobres, fracos, doentes e sofredores de tantas injustiças sociais.[181] São essas atitudes as que gravam, de forma marcante, as características dessa tão desejada *nova civilização*. Nesse sentido, a família é, sem dúvida, o melhor "plano piloto" para transformar a sociedade impregnada de materialismo prático numa verdadeira *civilização do amor*. É o amor que une, dá forças para um feliz convívio familiar, impregnado de caridade, de justiça, de liberdade e de espírito missionário sempre a serviço do Reino.

A vivência da afetividade e da sexualidade

Quando, anteriormente, falamos das finalidades do casamento, já nos referimos a esse tema.

---

[181] Ibidem, n. 64.

Aqui, contudo, ele será abordado de outro ponto de vista: a partir da incidência pessoal que tenha na vida de cada um dos cônjuges, como meio de aperfeiçoamento e santificação.

354. A Pastoral Familiar deve também ajudar na reflexão sobre o sentido da afetividade e da sexualidade, para que elas sejam plenamente humanas e realizem o desígnio que Deus lhes reservou[182] em toda a sua abrangência. Já está dando bons resultados a formação de equipes de agentes especialmente qualificados (de bioética) para abordar a temática da afetividade, da sexualidade e da reprodução humana nos seus diversos aspectos de promoção e defesa da vida. Contudo é preciso continuar formando equipes de profissionais como médicos, psicólogos, advogados, comunicadores, agentes de saúde, pedagogos e outros especialistas, sempre bem orientados pela doutrina da Igreja. Essas equipes poderão prestar os mais diversos serviços, tais como fóruns, palestras, seminários e cursos para crianças, adolescentes, jovens, casais e gestantes; orientações específicas sobre planejamento familiar etc.

A Pastoral Familiar deve ajudar a refletir sobre o sentido da sexualidade e afetividade

---

[182] CNBB. Campanha da Fraternidade 1994, op. cit., n. 168.

355. É muito importante que os casais encontrem na Igreja um vigoroso suporte para poderem ministrar aos seus filhos a educação afetiva e sexual de forma consciente. Assim, poderão contrapor e superar a educação sexual proposta pelo Estado, com freqüência, imposta de maneira unilateral, sem abrir possibilidade a outras escolhas. Nesse sentido, a Pastoral Familiar esforce-se para realizar um trabalho articulado com as Pastorais da Criança, Catequese, Juventude, Comunicação e outras.

A Igreja deve dar suporte à educação afetiva e sexual dos filhos

356. As Dioceses e Paróquias procurem marcar presença ativa e competente em fóruns, conferências, debates, congressos e outras ocasiões em que forem discutidos tais temas.

357. A temática da sexualidade e da afetividade seja abordada de maneira ampla e sistemática nos diversos programas de preparação para os sacramentos – especialmente o do Matrimônio –, mas também nos grupos de reflexão, retiros e cursos para capacitação de formadores qualificados.

358. Especial atenção seja dada na formação dos seminaristas, tanto no que diz respeito à vivência da própria sexualidade como nos conhecimentos básicos necessários para o exercício de seu futuro ministério presbiteral, tão importante para formar, fortalecer e evangelizar a família.

Atenção especial na formação dos seminaristas e presbíteros sobre a educação afetiva e sexual

Sejam promovidos também encontros de atualização para os presbíteros, bem como para as lideranças das diversas pastorais e movimentos atuantes na respectiva Igreja particular.[183]

359. A influência dos meios de comunicação é fundamental: caracterizam a cultura atual e podem ser utilizados na difusão dos valores evangélicos.[184] Mas é preciso advertir que eles estão dominados, na grande maioria, por interesses econômicos e por uma mentalidade materialista e hedonista, onde se apela para o sexo como um reclame comercial. A Igreja deve, portanto, despertar o espírito crítico nos seus fiéis tanto para manifestarem-se através da própria mídia, como para utilizá-la devidamente e tornar mais eficaz a sua presença neles.

Superar a nefasta influência dos meios de comunicação mal orientados

A família: Igreja missionária e Igreja doméstica

360. Por sua natureza a Igreja é missionária.[185] É "mãe que gera, educa e edifica a família

Pais e cônjuges: evangelizar a partir da família

---

[183] Um bom recurso para capacitação de leigos e eclesiásticos são as escolas para formação de agentes e evangelizadores, missionários, para as diversas pastorais e particularmente para a Pastoral da Família, como o Instituto Nacional da Família e da Pastoral Familiar – INAPAF (vide anexo no final).

[184] Cf. João Paulo II. *Ecclesia in America*, op. cit., n. 72.

[185] O Concílio Vaticano II descreveu, em vários lugares (cf. *Lumen Gentium*, nn. 25-27; 34-36; *Presbiterorum Ordinis*, nn. 4-6, entre outros), o ministério da Igreja como

cristã, operando em seu favor a missão de salvação que recebeu do Senhor".[186] Os cônjuges e os pais cristãos são convocados a evangelizar a partir da família, pelos valores ético-cristãos. É um fato clamoroso que no Brasil – apesar de ser um país onde a grande maioria das famílias é católica – a capacidade evangelizadora dessas famílias, no entanto, seja muito reduzida. Um dos maiores desafios para a Igreja em nosso país é evangelizar os batizados. Muitas vezes, no trabalho com as famílias, pressupomos uma evangelização que não existe. Apresentamos conteúdos doutrinários sem levar as pessoas a um encontro pessoal com Jesus e a uma opção pessoal por ele e pelo Evangelho. É preciso partir do mais básico e fundamental, sem pressupor a existência de uma formação elementar. É necessário chegar aos alicerces. Corremos o risco de edificar uma casa bonita, mas sem um fundamento sólido. Esse é um trabalho que deve ser encarado com seriedade pela Pastoral Familiar.

---

sendo "profético, sacerdotal e régio", ou também como "múnus de ensinar, santificar e governar". Essa descrição se baseia em figuras distintas na Antiga Aliança (profetas, sacerdotes e reis), que foram reunidas em Cristo, reconhecido pela fé como "Sacerdote, Profeta e Rei".

[186] Cf. João Paulo II. *Ecclesia in America*, op. cit., n. 72.

361. A evangelização da família e através da família exige que se preste muita atenção à situação em que vivemos e se escutem, com sincera abertura de espírito, aspirações, angústias, interrogações da nossa época. A família, de fato, pode e deve se tornar lugar privilegiado para realizar essa missão evangelizadora. Reafirmamos aqui, devido à sua importância, que "no seio de uma família que tem consciência desta missão (a de evangelizar), todos os membros da mesma família evangelizam e são evangelizados. Os pais não somente comunicam o Evangelho aos filhos, mas podem receber deles o mesmo Evangelho profundamente vivido. E uma família assim se torna evangelizadora de muitas outras famílias e do meio ambiente em que ela se insere".[187]

362. Nesse sentido, "a Igreja doméstica é chamada a ser um sinal luminoso da presença de Cristo e do seu amor mesmo para os 'afastados', para as famílias que ainda não crêem e para aquelas que já não vivem em coerência com a fé recebida".[188]

De modo especial para as famílias "afastadas"

---

[187] Cf. Paulo VI. *Evangelii Nuntiandi,* op. cit., n. 71

[188] Cf. Concílio Ecumênico Vaticano II. Decreto sobre o apostolado dos leigos, *Apostolicam Actuositatem,* n. 30. cit. em *Familiaris Consortio,* n. 54.

363. A família é convocada a ser um ponto de ignição desse fogo que Cristo veio trazer à terra. Essa instituição insubstituível e essencial é, dentro do organismo social, foco irradiador de vitalidade cristã, pequena "Igreja doméstica", imagem e reflexo da sagrada Família de Nazaré.[189]

364. Os esposos podem cumprir o papel daqueles casais que ajudaram o apóstolo Paulo a formar as primeiras comunidades cristãs. É famosa a saudação que nesse sentido faz Paulo na carta aos Romanos: "Saudai Priscila e Áquila, meus cooperadores em Jesus Cristo (os quais expuseram as suas cabeças pela minha vida). Saudai também a igreja que está em sua casa".[190] O lar, "santuário doméstico da Igreja",[191] pode também hoje se converter numa réplica da casa de Áquila e Priscila ou numa segunda casa de Betânia onde ao lado de Marta, Maria e Lázaro, Jesus descansava e Jesus ensinava.

Lar: santuário doméstico da Igreja

365. Sem fazer coisas extraordinárias, com naturalidade – assim como "o sal no alimento"[192] –,

Difundir "o bom odor de Cristo",

---

[189] Cf. Moreto. "A Igreja Doméstica", São Paulo, Loyola, 1986.

[190] Rm 16,3; At 18.

[191] João Paulo II. *Familiaris Consortio*, op. cit., n. 55.

[192] Mt 5,13.

a família pode ir difundindo esse "bom odor de Cristo" [193] entre outros casais, colegas e amigos de seus filhos, parentes e vizinhos... O próprio "clima" que existe numa família católica já é atrativo e eloqüente por si mesmo. Fala por meio dos temas de conversa que se abordam no convívio familiar, dos discretos sinais religiosos que aparecem no lar, como uma imagem de Nossa Senhora, um crucifixo ou outros símbolos religiosos, a bíblia ou outro bom livro. De modo especial falam a alegria e o bom humor serenos que reinam no meio das mais variadas circunstâncias, também diante da dor e da doença. São evangelizadoras e contagiantes a paz, a segurança e alegria que emanam de uma fé coerente, vivida no seio de uma família verdadeiramente cristã.

de forma natural, na própria vivência cristã da família

366. Se ainda se acrescenta neste contexto um trato pessoal mais cuidadoso, o aprofundamento na amizade, um conselho oportuno, a indicação de um livro adequado, o convite para uma palestra formativa, um encontro, um círculo bíblico, datas e semanas comemorativas, uma novena de Natal, um retiro etc., a ação evangelizadora será tão eficaz quanto o fermento

Apostolado explícito

---

[193] 2Cor 2,15.

que vai levedando toda a massa a partir de dentro, no núcleo de cada molécula desta indispensável "célula mater".

367. É a família que salvará a família! É a família cristã, revigorada pelo sacramento do Matrimônio, que dará nova vida à família doente, atingindo-a no seu âmago. Como uma benéfica injeção intravenosa sua vida penetra na corrente circulatória da sociedade, para a redimir, curar e fortificar.

É assim que a família salvará a família

368. Este é um modo natural e ao mesmo tempo maravilhoso de desenvolver o ministério evangelizador da família cristã, constituindo os cônjuges e pais testemunhas de Cristo até os confins do mundo e formando-os verdadeiros "missionários" do amor e da vida.[194]

369. As famílias cristãs dão também um contributo particular à causa missionária da Igreja, cultivando vocações nos seus filhos e filhas.[195] O cultivo dessas vocações é a melhor garantia e a pedra de toque do verdadeiro espírito cristão. Faltam vocações? É porque falta tam-

Família: sementeira de vocações

---

[194] Cf. João Paulo II. op. cit., n. 54.

[195] Cf. Concílio Ecumênico Vaticano II. Decreto sobre a Atividade missionária da Igreja, *Ad Gentes*, n. 39.

bém o verdadeiro espírito apostólico nas famílias. De fato, a família é a melhor sementeira de vocações para o apostolado da Igreja.

370. Ouçamos, nesse sentido, o que diz João Paulo II: "Estais prontos para escutar um dos vossos filhos dizer-vos: eu quereria consagrar minha vida a Deus na Igreja de Cristo, tornar-me sacerdote, religioso ou religiosa? E se tal é o vosso desejo, sabeis vós que a vocação sacerdotal ou religiosa tem, com mais freqüência, a sua origem na vida de fé, esperança e amor de uma Igreja doméstica, ou seja, da família, bem inserida na grande comunidade da Igreja? Pais, para que o Senhor possa chamar os jovens a estarem totalmente ao seu serviço e ao serviço dos seus irmãos, é preciso que o terreno seja preparado pela própria família".[196]

Preparar o terreno para as vocações de especial consagração

A inserção da família na grande família da Igreja

371. A *Familiaris Consortio* refere-se, de forma estimulante, ao trabalho que todos os membros da comunidade eclesial local são conclamados a realizar para que a família a ela se integre.

---

[196] João Paulo II. Homilia da Missa junto ao monte Songa, 6 de setembro de 1990.

372. "Isto vale, sobretudo, para as famílias jovens, as quais, encontrando-se num contexto de novos valores e de novas responsabilidades, estão mais expostas, especialmente nos primeiros anos de matrimônio, a eventuais dificuldades, como as criadas pela adaptação à vida em comum ou pelo nascimento dos filhos".[197]

Integração das famílias na comunidade eclesial, especialmente das famílias jovens

373. Nos membros da família, especialmente nos cônjuges recém-casados, deve haver grande receptividade a essa ajuda solícita que a Igreja lhes oferece: "Os jovens cônjuges saibam acolher cordialmente e inteligentemente valorizar a ajuda discreta, delicada e generosa de outros casais que já há tempo fazem a mesma experiência do matrimônio e da família. Assim, no seio da comunidade eclesial – grande família formada pelas famílias cristãs – realizar-se-á um intercâmbio mútuo de presença e ajuda entre todas as famílias, cada uma pondo a serviço das outras a própria experiência humana, como também os dons da fé e da graça. Animada de verdadeiro espírito apostólico, esta ajuda de família a família constituirá um dos modos mais simples, mais eficazes e ao alcance de todos para transfundir

Intercâmbio de presença e ajuda

---

[197] João Paulo II. *Familiaris Consortio*, op. cit., n. 69.

capilarmente os valores cristãos, que são o ponto de partida e de chegada do trabalho pastoral. Desse modo, as famílias jovens não se limitarão só a receber, mas, por sua vez, assim ajudadas, se tornarão fontes de enriquecimento para outras famílias, há tempo constituídas, com o seu testemunho de vida e o seu contributo de fato".[198]

374. Essa tarefa reclama espírito de abnegação e entrega. Mas é natural que seja assim: nenhum ideal se torna realidade sem sacrifício. E a vida humana se mede pela altura e profundidade do ideal que se pretende realizar. Ao se unirem em matrimônio, os esposos estejam convictos de que a sua vida ganha as dimensões grandiosas do cristianismo quando, ultrapassando uma visão egocêntrica e mesquinha, se dedicam a esse grande ideal da família na acepção mais nobre da palavra. Se existem pessoas que dão a sua vida pela pátria, na qual, sem querer, nascem, nós devemos estar sempre dispostos para dar a vida pela pátria menor, que nós mesmos, voluntariamente, constituímos: a nossa própria família.

Espírito de abnegação: dar a vida pela família

---

[198] Ibidem.

Os Movimentos, Serviços, Institutos e Associações Familiares

375. A realidade brasileira apresenta não poucos exemplos de formas comunitárias de viver os valores cristãos da família, como as que apresentam as Comunidades Eclesiais de Base (CEBs), as que crescem sob o alento da Pastoral Operária, da Pastoral da Terra e outras Pastorais Sociais.

376. É muito bom que a família e seus membros participem dos diferentes movimentos da Igreja, das atividades de algumas entidades ou centros de formação cristã. Estes meios poderão representar um veículo estável de formação, de desenvolvimento da sua vida espiritual, um incentivo para o apostolado e uma inserção estável da família no seio da Igreja.

377. Existe na Igreja um fenômeno novo. Além de alguns movimentos especificamente de Pastoral Familiar, surgiram nos tempos atuais diversos movimentos de uma renovada vivência cristã, globalmente considerada, que trouxeram cada um segundo seu próprio espírito, uma significativa contribuição para a vivência cristã da família. Em torno desse fenômeno, inspiradas pelo Espírito Santo, muitas são as

> Movimentos: riqueza na vida da comunidade eclesial

famílias cristãs que se reúnem em comunidades ou grupos, para melhor aprofundar, viver e anunciar sua fé. Essas entidades, associações, movimentos e serviços, aprovados pela hierarquia, produzem frutos abundantes de fé, esperança e caridade. Eles possuem uma espiritualidade própria e exercem sua ação apostólica em ambientes específicos da sociedade, constituindo uma riqueza na vida da comunidade eclesial.

378. Existe, contudo, um perigo que é preciso sempre evitar: uma certa tendência a fecharem-se sobre si mesmos, a perder o contato com a realidade social e com a caminhada pastoral da Igreja. A vida espiritual se alimenta, cresce e dá frutos quando está unida ao organismo vivo da Igreja. Por essa razão, os casais e as famílias que pertencem a Movimentos ou Associações, respeitando a autonomia estabelecida nos seus estatutos e a sua própria identidade, são convidados a unirem suas ações às da Pastoral Familiar e por ela serem motivados à integração na vida eclesial, como testemunho da sua unidade e espírito de serviço em prol dos casais e das famílias.

Importante: integração à Pastoral de conjunto, respeitando a sua autonomia

Como *diretrizes de ação pastoral,* indicam-se as seguintes:

1) Deixar claro que essas entidades, movimentos, associações familiares e serviços, fazem parte, em sentido amplo, da Pastoral Familiar – sem perderem o seu carisma peculiar –, porém não se identificam com ela e tampouco a substituem. A Pastoral Familiar é mais abrangente. Ela acolhe os Movimentos, conta com o apoio e a ajuda deles, respeitando o pluralismo sem prejudicar a unidade.

Diretrizes: participação também na Pastoral Familiar

2) Sem lesar a sua legítima autonomia, procurar dar a conhecer aos dirigentes ou membros dessas organizações a forma adequada de participar de uma pastoral de conjunto.

3) Incentivar as famílias a formarem associações, inclusive de caráter jurídico, para a defesa dos direitos da família. Assim poderão influenciar, de modo organizado e eficaz, as políticas sociais e os meios de comunicação, a fim de se criar uma cultura, uma legislação e uma ação governamental favorável à dignidade e aos direitos da instituição familiar.

Incentivar as famílias a formarem associações

Capítulo 7

SITUAÇÕES ESPECIAIS

Atenção às situações de conflito

379. São fatos hoje facilmente constatáveis a revolução comportamental e as dificuldades que os casados enfrentam para viver e perseverar no matrimônio, sobretudo no que tange às finalidades e às propriedades da união conjugal. Principalmente a fidelidade, a abertura à vida e à fecundidade e a dedicação à educação dos filhos. Nesse contexto, a Pastoral Familiar é chamada a dar, com freqüência, uma atenção especial às diferentes situações de conflito que, no matrimônio e na família, constituem desafios habitualmente presentes em nosso tempo. É tão significativo, atual e urgente, este capitulo que a Comissão Episcopal Pastoral para a Vida e a Família publicou o "Guia de Orientação para Casos Especiais", editado em novembro de 2004. Nesse texto podem-se encontrar as mesmas orientações transcritas neste Dire-

tório, ampliadas e aplicadas a casos concretos mais explicitamente enumerados.

Uniões de fato

380. São aquelas que não têm nenhum vínculo institucional, civil ou religioso publicamente reconhecido. Abrange um conjunto de realidades humanas múltiplas e heterogêneas – não matrimoniais – cujo elemento comum é a convivência de duas pessoas de sexos diferentes que mantêm um relacionamento sexual. As uniões de fato se caracterizam, precisamente, por ignorar, postergar ou até mesmo rejeitar o compromisso conjugal.[199] Hoje, a maioria dos jovens quer ter uma família, mas apenas uma minoria opta pelo casamento legal ou religioso.

Uniões de fato: rejeição ao compromisso conjugal

381. A união do homem e da mulher sem nenhum vínculo institucional público é um fenômeno que cresce no mundo atual marcado pelo secularismo. Alguns constituem uniões de fato por motivos econômicos ou por receio de um compromisso sério. Outros, por uma atitude contrária ao "formalismo social" em que muitos

Motivos diversos para a sua existência e graves conseqüências das mesmas

---

[199] Cf. Conselho Pontifício para a Família. *Família, Matrimônio e Uniões de Fato*, 2000, n. 2.

transformaram o sacramento do Matrimônio. Não poucos são empurrados ou condicionados a estas situações por razões de extrema pobreza e ignorância. Existem também aqueles que por imaturidade psicológica temem unir-se por um vínculo estável e definitivo. Dessas uniões decorrem graves conseqüências: uma situação objetiva do pecado; a aceitação pacífica de um estilo de vida contrário ao sentido religioso do matrimônio e a falta de completas garantias jurídicas e de segurança para o(a) companheiro(a) e os possíveis filhos.

382. Os pastores e a comunidade eclesial procurarão permanecer próximos a essas pessoas, caso por caso, com discrição, respeito e afeto, ajudando-as a descobrir a essência e a beleza do matrimônio e da família segundo o plano de Deus. Hão de acompanhá-las para que venham a receber o sacramento e, passo a passo, conduzi-las até chegarem a possuir a vida plena da graça, como objetivo final da sua ação pastoral.

Pastores e comunidade: acompanhar e conduzir pastoralmente essas situações

Separação mantendo a fidelidade ao vínculo conjugal

383. Circunstâncias graves e situações insustentáveis podem levar o matrimônio válido a inevitável separação, como remédio extremo, mantendo-se todavia o vínculo matrimonial.

384. Os cônjuges que, diante de uma convivência matrimonial insustentável, decidem assumir como mal menor a separação da vida conjugal ou o divórcio civil e, ao mesmo tempo, permanecem fiéis ao vínculo contraído, convertem-se, em meio a uma sociedade divorcista, em testemunhas eloqüentes do sinal sacramental do amor indestrutível de Cristo pela Igreja. A Igreja deve empenhar-se em sustentar a coragem e o heroísmo desses esposos separados ou abandonados, mas fiéis à indissolubilidade do vínculo conjugal. Eles permanecem em comunhão plena com a Igreja, podendo evidentemente participar dos sacramentos. Talvez mais do que ninguém necessitam dos sacramentos como fontes da graça, para fortalecer sua condição concreta e permanecerem abertos ao perdão, mesmo quando a reconciliação não seja possível.

Igreja: apoio e conforto para os que permanecem fiéis ao vínculo depois da separação

385. A comunidade eclesial é convocada a assumir o compromisso de alentar, sustentar e acompanhar os esposos que passam por essa situação. Rodeá-los de estima, solidariedade, compreensão e ajuda específica.

386. Também procurará motivá-los a dedicar parte do seu tempo a diferentes pastorais ou organizações apostólicas. Eles poderão prestar

Estímulo ao engajamento pastoral dessas pessoas

às outras pessoas da comunidade que se encontram na mesma situação, uma importante ajuda espiritual e material.

387. A relevância da ação pastoral dos separados se encontra, sobretudo, em dar testemunho de que com a graça de Deus, especificamente a sacramental, é possível viver evangelicamente uma situação tão difícil. Podem desenvolver atividades no campo da catequese, liturgia e caridade, entre outras.

Oferecer oportunidades para que dêem seu bom testemunho

388. É importante, ainda, promover grupos estáveis de pessoas separadas para implementar o mútuo apoio. Com esse mesmo objetivo, podem-se organizar aconselhamentos espirituais, retiros, momentos de oração, reuniões, encontros e também formar equipes de ação solidária em prol dos irmãos.

Matrimônio canônico precedido por um divórcio civil[200]

389. Cada vez são mais freqüentes os matrimônios sacramentais entre batizados, nos quais um

Precauções do ponto de vista pastoral:

---

[200] Cf. CNBB. *Orientações Pastorais sobre o Matrimônio*, Doc. 12, 1978.

dos cônjuges ou ambos desfizeram uma união anterior, meramente civil. Nesses casos, do ponto de vista pastoral, considerem-se algumas precauções:

1) A legitimação de uma nova união pode provocar um impacto, às vezes forte, no cônjuge abandonado e nos filhos da união anterior. É preciso, por caridade e com empatia, solucionar esse problema.

1) suavizar o impacto no cônjuge e filhos da união anterior

2) Nem todos estão em condições de entender as razões teológicas e jurídicas desse novo matrimônio perante a Igreja. Muito menos os que são diretamente prejudicados pela separação. É recomendável oferecer os esclarecimentos necessários e adequados.

2) oferecer esclarecimentos que justifiquem o matrimônio canônico

3) Tenha-se presente, nestes casos, o número 3 do Cânon 1071 do Código de Direito Canônico, referente à necessidade da licença do Ordinário do lugar para "assistir ao matrimônio de quem tem obrigações naturais, originadas de uma união precedente, para com a outra parte ou para com os filhos".[201]

3) necessidade da licença do ordinário

---

[201] Código de Direito Canônico, cân. 1071, 1º, 3.

4) É preciso, pois, examinar com muita prudência, as circunstâncias que envolvem a nova união. Cada caso deve ser objeto de uma solícita atenção pastoral: matrimônios com filhos ou sem filhos de uma união anterior; a idade dos filhos; sua opinião sobre o novo matrimônio de seus pais, assim como a do cônjuge prejudicado; a idade dos noivos; a situação econômica em que se encontra a família anterior e outros aspectos que possam ser ocasião de escândalo. Em face de cada caso, hão de dar-se os conselhos adequados e tomar-se as medidas oportunas.

4) levar em consideração as obrigações naturais decorrentes da união precedente

Casados na Igreja, divorciados civilmente e novamente unidos pelo casamento civil

390. Essa é uma situação que se alastra cada vez mais em nosso tempo, também entre os católicos. Há muitos casamentos mal-sucedidos que levam à separação. Procura-se, então, uma nova união conjugal, porém sem o rito religioso católico. Em muitos casos, quem recorreu ao divórcio já tem a intenção de realizar uma nova união, mesmo não podendo contrair matrimônio conforme o rito religioso católico.

Situação que se alastra

391. A Igreja, que foi instituída para a salvação de todos, não pode abandonar aqueles que, unidos pelo vínculo matrimonial sacramental, contraíram no civil novas núpcias.[202]

A Igreja não pode abandonar essas pessoas, apesar de que não podem receber os sacramentos da Reconciliação e da Eucaristia

392. Já indicamos, anteriormente, as razões pelas quais a Igreja não permite às pessoas que se encontram nessa situação receber os sacramentos da Reconciliação e da Eucaristia. É necessário ajudá-las, com pedagogia adequada, a compreenderem essas razões, para que nunca se sintam discriminadas. Elas podem, por exemplo, se dedicar a ações em prol de outras famílias necessitadas de cuidado, apoio e promoção.

393. Porém, nem todos os divorciados que constituíram uma nova união estão na mesma situação pastoral. Podemos distinguir os seguintes casos:

Diferentes situações pastorais, que devem ser atendidas de modo diverso

1. aqueles que sinceramente se esforçaram para salvar seu matrimônio, mas foram abandonados injustamente, e contraíram novas núpcias por não suportar a solidão;

2. os que contraíram nova união porque estavam convencidos de que sua união anterior não tinha sido válida;

3. os que compreendem que contraíram um matrimônio válido, mas não perseveraram e formaram uma nova família;

---

[202] Cf. João Paulo II. *Familiaris Consortio*, op. cit., n. 84.

4. os que contraíram nova união buscando um benefício para terceiros, como, por exemplo, a educação dos filhos que ficaram a seu cargo.

394. O cuidado pastoral precisa adequar-se a cada um desses casos, dando-lhes uma atenção peculiar e personalizada. Levem-se em conta, prudentemente, as diferentes circunstâncias.

Cada situação exige um cuidado pastoral específico

395. É, portanto, necessário encontrar para essas pessoas canais de participação na vida da Igreja:

1. incorporando-as à oração comunitária e sustentando-as na perseverança da fé por meio da oração pessoal e familiar;

Ajudá-los a participar da vida da Igreja e estimulá-los a educar cristãmente os filhos

2. cultivo da devoção para com a Eucaristia, mediante as visitas ao Santíssimo Sacramento e a "comunhão espiritual", quando retamente entendida; [203]

3. exortando-as a participar da missa dominical e a aumentar sua fé e esperança;

4. animando-as para escutar e meditar a Palavra de Deus e fazer atos de penitência;

5. acolhendo-as paternalmente na ocasião do batismo dos filhos;

---

[203] CDF, Carta aos Bispos da Igreja Católica a respeito da recepção da Comunhão Eucarística por fiéis divorciados novamente casados, 1994.

6. é praxe na Igreja não negar o batismo aos filhos provenientes de qualquer tipo de união ou situação especial, como, por exemplo, mães solteiras. Os filhos têm direito a receber a graça batismal e a Igreja os acolhe sempre com solicitude paternal;

7. convidando-as a participar das práticas de caridade e das promoções sociais na Igreja;

8. estimulando-as para educar os filhos cristãmente, evitando sempre toda discriminação nesse sentido.

396. Procure-se, também, facilitar-lhes o acesso aos tribunais eclesiásticos, para estudar a possível existência de causas que determinem a declaração de nulidade do matrimônio anterior, pois, em caso positivo, ficariam habilitados para contrair o matrimônio sacramental.

Facilitar o acesso ao Tribunal Eclesiástico

397. Organizem-se encontros ou retiros específicos, a fim de que, por meio deles, esses casais possam descobrir o modo de solucionar a irregularidade em que se encontram ou os canais de participação acima mencionados, e se sintam parte integrante da comunidade eclesial.

Organizar atividades para eles

398. Com a necessária prudência pastoral, procure-se incorporar nos diferentes grupos de casais os que, por diferentes motivos, chegaram

a formar uma segunda união. A temática dessas reuniões variará segundo a situação pastoral em que cada matrimônio está enquadrado. Além disso, a dor de uma primeira união fracassada permitirá que tomem consciência do bem da indissolubilidade que tantos outros matrimônios estão conseguindo manter e os incentivem à fidelidade conjugal.

399. Evite-se toda cerimônia, bênção ou participação sacramental que possa ser interpretada como legitimação da segunda união. Uma tal prática induz a erros e enganos sobre a indissolubilidade do matrimônio validamente contraído, com o conseqüente escândalo da comunidade.Todo pastor tenha claro que não está autorizado a efetuar esse tipo de cerimônias para os divorciados que voltam a casar.[204]

> Evitar toda cerimônia que possa induzir a erros

Católicos unidos apenas no civil

400. Existem católicos que só se unem pelo contrato civil. Contudo, no âmbito da Igreja, essa união é nula, porque não foi contraída de acordo com a forma estabelecida pelo Direito Canônico, exigida como requisito da validade.

> A união só no civil é nula no âmbito da Igreja

---

[204] Cf. João Paulo II, op. cit., n. 84.

401. Esses casais demonstram com tal comportamento falha na formação religiosa, uma vez que não percebem a importância da graça sacramental para a realização do matrimônio como projeto de vida e missão.

Os que assim se unem o fazem por falta de formação religiosa ou outros motivos

402. Existem casos em que – por temor ao compromisso de uma união permanente e irreversível, por insegurança em seus sentimentos, por imaturidade ou por influência da mentalidade secularista – alguns católicos optam apenas pelo matrimônio civil. Nessas situações a ação pastoral torna-se até mais difícil do que nas uniões de fato.

403. É de fundamental importância, em tais circunstâncias, o contato dos agentes de pastoral familiar com as pessoas que vivem essa situação. Aqui, a grande tarefa consiste em fazer as pessoas compreenderem a incoerência da sua situação com a fé que professam. É conveniente que possam se integrar numa comunidade, pois o cristianismo é essencialmente eclesial, como observamos. Enquanto perdure seu estado – insistimos –, esses casais não podem aproximar-se dos sacramentos da Reconciliação e da Eucaristia.[205] Sejam, porém, tratados com a máxima caridade e acolhida pastoral. A situação do

Grande tarefa: fazê-los compreender a incoerência entre sua situação e a fé

---

[205] Ibidem, n. 82.

casal nunca pode ser motivo para se negar a seus filhos os sacramentos que solicitem.

404. Não se pode ignorar a existência de uma fórmula excepcional de convalidação do matrimônio, chamada *Sanatio in Radice*: o casamento nulo pode ser "sanado na raiz", isto é, desde o próprio momento em que foi contraído. O recurso pode ser aplicado apenas pelo Bispo Diocesano, caso por caso. Este recurso dispensa a renovação do consentimento sempre que perdure ainda o consentimento naturalmente suficiente e, inclusive, sem que isso venha a ser conhecido por um ou ambos os cônjuges (cf. Cân. 1161). Este procedimento é válido inclusive em algum caso, como o do matrimônio civil estável.[206]

Sanatio in Radice

Crianças e famílias em situação de risco pessoal e social

405. A Igreja orienta as famílias a terem um cuidado terno e forte para com cada criança que vem a este mundo. Nisso, ela "cumpre uma missão fundamental: revelar e repetir na his-

---

[206] Como esta matéria envolve não poucos aspectos técnicos é bom consultar um especialista (Cf. LLANO CIFUENTES, Rafael. *Novo Direito Matrimonial Canônico*. Marques Saraiva, 2ª ed., 2000, pp. 468ss).

tória o exemplo e o mandamento de Cristo, que quis pôr a criança em destaque no Reino de Deus".[207]

406. A construção do "futuro da humanidade passa pela família!"[208] A família é, por natureza, o espaço privilegiado de proteção e segurança das crianças e dos adolescentes. Nela, a criança necessita encontrar o clima propício para crescer, como o Menino de Nazaré, "em estatura, sabedoria e graça, diante de Deus e dos homens".[209] A família, a comunidade cristã, a sociedade e o Estado têm o dever, o compromisso e a séria obrigação de dar segurança, proteção e cuidado às crianças e aos adolescentes. Todo sistema que destrói ou menospreza a vida da criança e do adolescente deve ser considerado perverso. No Brasil, as condições sociais e econômicas tornam mais árdua e penosa essa missão da família.

Família: espaço privilegiado de segurança e proteção para crianças e adolescentes

407. Milhões de famílias brasileiras vivem entregues à própria sorte, frustradas pela incapacidade de cumprir sua missão e de satisfazer

Há milhares de crianças e adolescentes abandonados

---

[207] CNBB. Campanha da Fraternidade 1987, Texto-base, n. 134.

[208] João Paulo II. op. cit., conclusão.

[209] Lc 2,52.

suas necessidades básicas. Estão numa condição de risco pessoal e social, com gravíssimas repercussões para si mesmas e para a sociedade, dando espaço à violência e ao abandono de inúmeras crianças e adolescentes. Esse fato tem levado milhares de crianças e adolescentes a serem maltratados, a viverem abandonados e, até mesmo, a serem objeto de tráfico e venda.

408. A primeira e fundamental exigência da criança e do adolescente é "crescer" no seio de uma família de forma integral. Essa meta não se realiza quando eles padecem de abandono e estão condenados à marginalidade. O rosto da criança e do adolescente que sofrem é hoje o rosto de Cristo que interpela a sociedade e a questiona. A realidade brasileira é marcada pelo rosto de crianças "golpeadas pela pobreza ainda antes de nascer, impedidas que estão de realizar-se por causa de deficiências mentais e corporais irreparáveis, que as acompanharão por toda a vida; crianças abandonadas e muitas vezes exploradas de nossas cidades, resultado da pobreza e da desorganização moral da família. Feições de jovens, desorientados por não encontrarem seu lugar na sociedade e frustrados, sobretudo nas zonas

Motivos diversos que causam essas graves conseqüências

rurais e urbanas marginalizadas, por falta de oportunidades de capacitação e de ocupação".[210]

409. É indispensável acrescentar que esse destino não é exclusivo das crianças e adolescentes de famílias em condições econômicas precárias. Embora em menor proporção, o abandono atinge até mesmo os filhos das camadas mais favorecidas. O secularismo – já chamamos a atenção sobre este fenômeno – que penetra na família e a ânsia do consumo levam muitos pais de classe média a viverem só para si mesmos e para o trabalho, deixando os filhos aos cuidados de instituições ou de terceiros. O distanciamento dos pais da insubstituível tarefa educacional tem levado um número cada vez maior de crianças e adolescentes à dependência química, à busca de compensações eróticas ou outros tipos de desvios.

O abandono atinge mesmo os mais favorecidos

410. Extremamente preocupante, com efeito, é o grave problema da dependência do álcool e das drogas. Este inquietante fenômeno alcançou amplas dimensões inclusive entre menores adolescentes e jovens. E está em contínua expansão, especialmente nas áreas urbanas.

O preocupante efeito do álcool e das drogas

---

[210] Conclusões de Puebla, op. cit., nn. 32 e 33.

É preciso suscitar e dar apoio a todas as iniciativas que se apresentem para remediar os efeitos nefastos deste fenômeno. Por essa razão, cada diocese, ou ao menos cada Regional, deveria esforçar-se para que não faltem centros de tratamento eficaz da dependência química, com mecanismos acessíveis à população mais carente. Nesse sentido é preciso que a Pastoral Familiar trabalhe estreitamente unida com a Pastoral da Sobriedade.

411. Contudo, é preciso, igualmente, tentar debelar as causas mais profundas dessa mazela social. Em muitos casos, os que recorrem às drogas ou ao álcool o fazem para fugir de situações de frustração pessoal, carência de auto-estima, de amor e de carinho, que geram um profundo sentimento de solidão. Há também situações em que a carência de meios materiais leva à opção, sempre errada, de buscar uma solução para os problemas no tráfico. Isso, habitualmente, acaba por levar também ao consumo das mesmas drogas. Quando se trata de menores, adolescentes e jovens, a ligação com as drogas e o álcool provém freqüentemente de um grave descuido na formação recebida da família. Cada família deveria pensar que seus próprios filhos podem

Debelar as causas

vir a sofrer as conseqüências desse vício destruidor. A Pastoral Familiar, em colaboração com as diversas instituições e movimentos que tratam do tema, é conclamada a empenhar-se tenazmente em oferecer recursos para remediar essas falhas familiares que provocam um mal de tão vastas proporções.

A Pastoral Familiar deverá empenhar-se em oferecer recursos

412. Para que possa "realizar a sua vocação de 'santuário da vida', enquanto célula de uma sociedade que ama e acolhe a vida, é necessário e urgente que a família como tal seja ajudada e apoiada. As sociedades e os Estados devem assegurar todo o apoio necessário, mesmo econômico, para que as famílias possam responder de forma mais humana aos próprios problemas".[211]

413. A Igreja conclama todos os homens e mulheres de boa vontade a darem atenção especialíssima às crianças e adolescentes, órfãos, abandonados, privados de seus direitos, vítimas de maus-tratos, fome, negligência e todo tipo de abuso.

Cuidar também dos filhos de presidiários e doentes graves

414. Não podemos também esquecer as famílias que têm parentes nos presídios ou com doenças graves. Por isso, a Pastoral Familiar deve,

---

[211] João Paulo II. *Evangelium Vitae*, op. cit., n. 94.

sempre que possível, atuar em estreita parceria com a Pastoral Carcerária e a Pastoral da Saúde.

415. A ação da Pastoral Familiar tem, nesse campo, a missão de acolher, atender e de promover as crianças e os adolescentes, bem como as famílias com filhos em situação de risco.

Crianças e adolescentes desprotegidos, abandonados ou em perigo

416. Prosseguimos desenvolvendo as mesmas idéias, mas sob uma ótica algo diferente. A população brasileira possui 170 milhões de pessoas, das quais 40% são crianças e adolescentes. A adolescência é um período de descoberta, de inquietação, de busca da identidade e de expansão da afetividade. Quando não são bem orientados, os adolescentes podem ter um desencantamento com relação ao mundo e uma descrença do ser humano. É um problema clamoroso, não apenas estatístico, mas principalmente humano e pastoral. Exige da Igreja a descoberta de práticas pedagógicas e psicopedagógicas atualizadas que o possa atingir. Nessa fase de mudanças físicas, mentais e psicológicas, boa parte dos adolescentes não recebe uma sólida e correta formação humana, religiosa e ética.

As crianças e os adolescentes representam 40% da população brasileira: exigem uma sólida formação

417. Nas ruas e praças das cidades brasileiras, encontram-se centenas de crianças e adolescentes que não têm família ou são oriundas de famílias deterioradas por condições econômicas e morais inadequadas. Constituem uma população cada vez maior de meninos e meninas de rua, sem orientação e com vínculos familiares frágeis. Essas crianças, pela falta de atenção, educação e amor de suas famílias, desenvolvem práticas anti-sociais que habitualmente dificultam a convivência humana. São, portanto, presas fáceis de traficantes, da criminalidade e de diferentes tipos de exploração.

Os "meninos de rua" estão aumentando; são presas fáceis de traficantes e outros tipos de exploração

418. Não se pode, pois, deixar de denunciar toda violação contra as crianças. Urge difundir e exigir o cumprimento da "Convenção dos Direitos da Criança" com as observações da Santa Sé e, ainda, da carta da Santa Sé sobre os direitos da família. É necessário orientar os leigos para que lutem pelo cumprimento das leis que protegem os direitos da criança e do adolescente.[212] E, de forma organizada, zelar pela aplicação do Estatuto da Criança e do Adolescente, denunciar abusos, violência e exploração do trabalho infanto-juvenil.

Denunciar toda violação contra as crianças

---

[212] Cf. Conclusões de Santo Domingo, op. cit., n. 227.

419. Como sinal de esperança, observamos que, "especialmente entre os pobres, muitas famílias acolhem filhos que não geraram e sempre conseguem um lugar para um sobrinho, vizinho ou recém-nascido desconhecido que foi abandonado".[213]

Há, contudo, sinais de esperança

420. Nesse sentido, é preciso, com maturidade pastoral, somar esforços e apoiar as pastorais da Criança e do Menor, da Sobriedade e buscar, de fato, integração entre a Pastoral Familiar, a Pastoral da Catequese, da Juventude, da Saúde, a Pastoral Carcerária e as Pastorais Sociais em geral.

A Pastoral Familiar deve colaborar com outras pastorais, como a da Criança e a do Menor, e apoiar os que se dedicam à educação da criança

421. Também é necessário "acompanhar e apoiar efetivamente os pais de família, educadores, catequistas e institutos religiosos que se dedicam à educação da criança, prestando uma atenção especial ao crescimento na fé. Fomentar o valor do trabalho em favor das crianças e promover a Pastoral da Criança, através de ações proféticas e caritativas que testemunhem o amor de Cristo pelas crianças mais pobres e abandonadas".[214]

---

[213] CNBB. Campanha da Fraternidade 1994, op. cit., n. 91.

[214] Cf. Conclusões de Santo Domingo, op. cit., n. 227.

422. De igual modo, cumpre apoiar, assistir e promover lares transitórios para crianças abandonadas – ou em estado de abandono – até que sejam resolvidos seu problema legal ou a sua crítica conjuntura familiar. Cuidado especial exigem as crianças e adolescentes que crescem em abrigos. A Igreja tem-se empenhado, junto à Pastoral do Menor, para que esses abrigos sejam, de fato, espaços saudáveis para o desenvolvimento das crianças, ajudando suas famílias, quando possível, a voltar a encontrar as condições para uma convivência saudável com seus filhos.

Apoiar também abrigos e lares transitórios para crianças

423. Importante ação também pode ser realizada junto aos casais sem filhos, para que, mediante a adoção legal, possam ter a responsabilidade, a alegria e os cuidados da paternidade e da maternidade. Contudo, é indispensável que estes tenham conhecimento suficiente da responsabilidade que estarão assumindo diante de Deus e da sociedade e também das dificuldades que essa ação envolve.

A importância da adoção

424. Além da figura jurídica da adoção, solicitar a ajuda de famílias dispostas a "receberem" um filho, para ajudá-lo em seu desenvolvimento integral pelo tempo que for necessário.

Além da adoção, suscitar outro tipo de ajuda

425. Ainda é possível abordar essa mesma questão de um ponto de vista diferente: não se pode querer solucionar o problema da criança sem referência ao quadro familiar. Para responder às necessidades das famílias, dos adolescentes e crianças em risco pessoal e social, faz-se necessário criar programas assistenciais que ajudem seus pais ou responsáveis a garantir sua proteção e desenvolvimento.

Programas assistenciais para ajudar os pais

426. É mister promover as instituições que assumem o cuidado da educação de crianças, substituindo, de alguma maneira, a família, ainda que, para essas crianças, aceitar a sua separação da família seja muito difícil e doloroso. Na realidade esse deve ser o último recurso.

Promover instituições dedicadas à educação de crianças desprotegidas

Atenção aos idosos[215]

427. A família tem também uma responsabilidade muito especial a respeito dos idosos. Delicada é a sua situação na família e no seio da sociedade. E, com o aumento do ciclo vital, é grande o número de pessoas que têm longa vida depois da aposentadoria e da criação dos

O número de idosos tem aumentado, assim como a necessidade de cuidar deles

---

[215] Sugere-se aprofundamento no texto da Campanha da Fraternidade de 2003, que tratou com propriedade este tema e oferece soluções pastorais bem concretas.

filhos. A sociedade de consumo, com seu espírito de produtividade, rendimento e eficiência, freqüentemente considera o idoso um peso. Conseqüentemente, ele pode vir a ser marginalizado.[216]

428. Delicado é o problema dos aposentados que não ganham o suficiente para uma vida digna. Casos há também em que avós (e também avôs), num tempo que deveria ser de descanso, têm a responsabilidade de cuidar dos netos.[217] Não poucos também são explorados no mínimo que lhes resta de uma precária aposentadoria.

O problema dos aposentados

429. Na própria Igreja, nem sempre se dá o devido lugar ao idoso.[218] No entanto, as pessoas mais velhas constituem uma parte importante da comunidade e da Igreja pela riqueza espiritual e pela experiência de vida que cada uma delas possui.

Valorização dos idosos

430. João Paulo II adverte que "a entrada para a terceira idade deve ser considerada como um privilégio; não apenas porque nem todos têm a sorte de alcançar essa meta, mas também –

---

[216] Cf. CNBB. Campanha da Fraternidade 1994, Texto-base, op. cit. n. 92.

[217] Ibidem, n. 93.

[218] Ibidem, n. 92.

e sobretudo – porque este é o período das possibilidades concretas de voltar a considerar melhor o passado, de conhecer e viver mais profundamente o mistério pascal, e de tornar-se exemplo na Igreja e para todo o povo de Deus".[219]

431. Não obstante, a atual situação das famílias no mundo moderno e a falta de compreensão por parte de uma sociedade egoísta colocam os mais velhos e idosos numa situação de desatenção e marginalidade. Isso constitui um verdadeiro desafio para a Pastoral Familiar.

Compreensão para com eles

432. A visão negativa da terceira idade dá origem a situações dolorosas, como, por exemplo, a separação dos mais velhos do núcleo familiar e sua internação em asilos e lares especializados, sob o pretexto de uma melhor atenção. Quando o motivo da internação não foi a comodidade ou o egoísmo, a separação é atenuada, contudo, pela presença e carinho constantes dos familiares mais próximos e diretos.

A dolorosa realidade dos asilos para anciãos

433. A situação dos idosos é também prejudicada pelos complexos problemas gerais na área da saúde. As precárias condições de saneamen-

Atendimento médico precário e alto preço dos medicamentos

---

[219] João Paulo II. Discurso aos Grupos da Terceira Idade, 23 de março de 1984.

to, atendimento médico e o alto preço dos medicamentos atingem profundamente a vida de nossas famílias[220] e, às vezes, de forma particular, os que estão na terceira idade.

Saindo ao encontro desses problemas, a ação pastoral deverá procurar:

Ações pastorais:

1. Despertar, nos mais velhos, a consciência de que têm uma missão a cumprir e uma ajuda a dar. "Segundo o desígnio divino, cada um dos seres humanos é uma vida em crescimento, do primeiro suspiro da existência até o último respiro".[221] Para isso, devem se fomentar em todas as comunidades os encontros de pessoas idosas, para facilitar o contato mútuo, que dá lugar a amizades enriquecedoras. Ajudá-las a descobrir a importância de seu papel na sociedade civil e eclesial. Muitas delas estão dotadas de uma valiosa experiência humana e religiosa, bela e muito útil para ser legada e compartilhada com os demais.

1) promover a missão que podem cumprir

2. Detectar e dar formação específica àquelas pessoas mais velhas que, por sua trajetória anterior ou por suas condições naturais, po-

2) dar-lhes uma formação específica para que ajudem os outros

---

[220] Cf. CNBB. Campanha da Fraternidade 1994, op. cit., n. 60.

[221] João Paulo II, op. cit.

dem ser animadoras e coordenadoras de grupos. Que sejam capazes de ser mensageiros da alegria e esperança cristã, que se animem a enfrentar seus próprios temores e suas próprias limitações sem se desligar dos demais, e que saibam aproveitar as possibilidades de crescimento pessoal que o grupo lhes oferece.

3. Cuidar para que os encontros dos idosos não se reduzam a uma mera reunião social ou de entretenimento, mas que ajudem no crescimento humano e espiritual de seus membros, a fim de que redescubram e valorizem o que cada um é, e não o que tem.

3) nos seus encontros, fomentar o crescimento espiritual

4. Colaborar com os matrimônios de pessoas mais velhas e acompanhá-las nas suas necessidades de ajuda material e assistência espiritual, a fim de que possam continuar testemunhando o valor sacramental do vínculo que as une.

4) colaborar com os matrimônios de pessoas mais velhas

5. Ajudar viúvos e viúvas no cultivo da espiritualidade da viuvez como prolongação das graças do matrimônio. E ao se favorecerem as reuniões de pessoas viúvas, propiciar que se enriqueçam espiritualmente e se apóiem mutuamente. Toda a comunidade, em sua ação pastoral, tem de se sentir responsável pela felicidade e bem-estar dos viúvos da paróquia, sobretudo na velhice.

5) ajudar os viúvos e as viúvas

6. Ajudar as famílias que convivem com pessoas mais velhas e idosas, valorizando o sacrifício que fazem em favor delas e fomentando o espírito de compreensão e de paciência. Que cada um trate os seus pais ou parentes idosos ou abandonados com o mesmo carinho com que eles mesmos gostariam de ser tratados pelos seus filhos.

6) valorizar o sacrifício das famílias que cuidam de pessoas em idade avançada

Famílias de migrantes

434. "É também delicada a situação dos migrantes. Na busca de trabalho para a sobrevivência, em alguns casos, o marido deixa mulher e filhos na terra onde não consegue o necessário para viver e aventura-se longe de casa, em terras que se revelam como mais prósperas. Passado um determinado tempo, pode acontecer que ele encontre uma nova companheira, case e arrume filhos com ela, distanciando-se da sua verdadeira esposa. Em outros casos, quando toda a família migra, há dificuldades de moradia, acrescidas do fenômeno de desenraizamento e da seqüela de todas as carências e necessidades".[222] O fenômeno

Os problemas oriundos das migrações: – instabilidade conjugal – abandono dos filhos – dificuldades de moradia e adaptação

---

[222] CNBB. Campanha da Fraternidade 1994, op. cit., n. 61.

da migração afeta a estabilidade familiar, provoca o abandono dos filhos e a possibilidade da formação de uma outra família. Essas situações atingem toda a família, pois a família migrante é particularmente vulnerável ao desrespeito a seus direitos fundamentais e à dignidade da pessoa.

Esse terreno apresenta não poucos *desafios pastorais*:

435. Na migração do campo para a cidade, influem a falta de oportunidade de trabalho; a ilusão de riqueza fácil na cidade grande; o exemplo de outras famílias que seguem esse caminho; a pressão dos filhos para que os pais abandonem o ambiente rural; a imagem que os meios de comunicação social criam da cidade e tantos outros motivos. Muitos migrantes vindos do campo engrossam os cinturões de miséria das grandes cidades e expõem os jovens a vários perigos, seja em relação aos desvios ideológicos, seja no incentivo que suscita a prostituição, o álcool, as drogas ou o narcotráfico.

A migração do campo para a cidade traz conflitos especiais

436. Mesmo que a migração do campo para a cidade, em alguns casos, venha acompanhada da inserção da família na comunidade eclesial, com benefícios para ambas as partes, a falta de medidas sociais para conter o seu aumento

Graves conseqüências para as famílias

e o descaso pelos migrantes trazem graves conseqüências para a família: a insegurança, a discriminação, a degradação moral e religiosa e a desintegração familiar.[223] Esses males tornam-se às vezes mais dramáticos no caso dos que migram para outros países.

Em face desses desafios não devem faltar as devidas *diretrizes pastorais*:

Diretrizes pastorais:

437. Promover, articular e dinamizar a organização coletiva dos migrantes, à luz de uma evangelização inculturada, numa atitude de acolhida tão humana quanto cristã. É a expressão da caridade eclesial. Ela abraça uma série de disposições que vão da hospitalidade até a compreensão e a valorização da pessoa, que superam todo preconceito e se abrem a uma convivência serena e harmoniosa.[224]

– o acolhimento, superando todo preconceito

438. Para o exercício dessa acolhida e valorização sugerem-se algumas atitudes, como: visitar as famílias ou seus membros que migraram; convidá-las a participar de reuniões familiares ou de grupos ou movimentos da Igreja; acolhê-

– visitas domiciliares

---

[223] Cf. Conclusões de Santo Domingo, op. cit., n. 187.

[224] Cf. Conselho Pontifício para a Pastoral dos Migrantes e Itinerantes, Igreja e Mobilidade Humana, 1978.

las e integrá-las na comunidade social, respeitando seus valores culturais e religiosos.

439. "Oferecer aos migrantes uma catequese adaptada à sua cultura e uma assessoria legal capaz de proteger os seus direitos".[225] Mostrar uma solidariedade que os ajude, de modo particular, a superar os primeiros momentos, diante de situações de conflito no campo econômico, profissional, educacional, sanitário e habitacional, em cooperação com outros organismos da Igreja.

– integração na comunidade social e eclesial

440. Denunciar os atropelos que afetam e atentam contra a dignidade das pessoas e famílias migrantes, de modo particular a mulher e os jovens, ajudando-os a se incorporar a grupos ou associações juvenis da paróquia ou diocese e também a manter relação com a sua família residente no lugar de origem. As Associações de Famílias Cidadãs podem articular essa ação.

– incorporar as famílias na Pastoral dos Migrantes

441. Incorporar essas famílias na pastoral dos migrantes, a fim de que se tornem agentes que ajudem seus conterrâneos a superar os obstáculos e a se integrarem na nova situação, conservando e cultivando suas raízes.

– programar encontros

---

[225] Conclusões de Santo Domingo, op. cit., n. 189.

442. Programar encontros de famílias e pessoas migrantes, para compartilhar experiências e problemas e buscar soluções em conjunto, assim como promover a cultura de cada grupo ou família étnica, por meio de suas festas, danças, músicas e canções peculiares.

– promover a cultura de cada grupo

443. Apoiar e promover a implementação de leis e direitos de política populacional que protejam os migrantes e suas famílias e os ajudem a consolidar os vínculos familiares e a conservar a sua identidade.

– apoiar leis que protejam os migrantes

Capítulo 8

PASTORAL FAMILIAR: RESPOSTA DA IGREJA AOS PROBLEMAS E QUESTÕES FAMILIARES

444. Diante da importância vital e do papel intransferível da família para a pessoa e a sociedade, a Pastoral Familiar se apresenta como uma ação da Igreja de capital importância. O Papa diz: "Ainda mais necessária na época atual, que registra uma crise generalizada e radical dessa instituição fundamental (a família), deve ser assegurada uma especial atenção à Pastoral da Família".[226]

Pastoral Familiar: ação da Igreja de capital importância

Pastoral e Igreja

445. A palavra pastoral, ligada etimologicamente à palavra pastor, designa a ação solícita, amorosa e criteriosa do bom pastor. Jesus Cristo é o Pastor prometido por Iahweh. É o "Bom Pastor",[227] que caminha à frente das ovelhas, e

Fazer o papel do Bom Pastor

---

[226] João Paulo II. *Novo Millennio Ineunte*, op. cit., n. 47.

[227] Sl 23.

elas o seguem porque conhecem a sua voz. Zeloso, solícito e fiel, ele dá a vida pelas ovelhas,[228] conhece suas ovelhas, e as suas ovelhas o conhecem, da mesma forma que o Pai o conhece e ele conhece o Pai.[229]

446. Fazer pastoral na Igreja, seguindo o exemplo do Bom Pastor, fundamento de toda a nossa ação, é agir em comunhão com ela e com o Evangelho. Todas as pastorais estão baseadas tanto no Magistério da Igreja como em princípios antropológicos, teológicos e evangélicos e numa atualizada leitura da realidade.

A Pastoral Familiar – desafio para a Igreja

447. No âmbito da Igreja universal, teve especial significação, como primeiro embrião de uma Pastoral Familiar sistematizada, o Concílio Vaticano II (1962-1965). De modo particular, com as Constituições *Lumem Gentium* ("Constituição Dogmática sobre a Igreja") e *Gaudium et Spes* ("Sobre a Igreja no Mundo Contemporâneo"), começaram-se a delinear na Igreja as linhas mestras da Pastoral Fami-

A Pastoral Familiar e o Vaticano II: primeiros delineamentos

---

[228] Cf. Jo 10.

[229] Cf. Jo 10,14-15.

liar, enriquecidas com uma abordagem motivadora e atualizada da realidade contemporânea. Logo no início de seu pontificado, o Papa João Paulo II dedicou a esse tema o 4º Sínodo dos Bispos, o "Sínodo das Famílias" (1980). Como fruto especial desse Sínodo, promulgou a Exortação Apostólica *Familiaris Consortio* (1981) – "A Missão da Família Cristã no Mundo de Hoje". É nela que vamos encontrar uma abordagem motivadora e atualizada sobre a Pastoral Familiar.

A importância da Familiaris Consortio

448. No âmbito da América Latina, a 3ª Conferência Geral do Episcopado Latino-Americano, realizada em Puebla (México – 27/1 a 13/2 de 1979), afirma, referindo-se à anterior (Medellín-Colômbia): "Passados dez anos, a Igreja da América Latina sente-se feliz por tudo o que logrou realizar em favor da família. Reconhece, porém, com humildade, quanto lhe resta por fazer, quando percebe que a Pastoral Familiar, longe de ter perdido o seu caráter prioritário, revela-se hoje ainda mais urgente, como elemento sobremaneira importante da evangelização".[230] Naquela ocasião,

A Pastoral Familiar e a América Latina: influência de Medellín e Puebla

---

[230] Cf. Conclusões de Puebla, op. cit., n. 570.

a Igreja latino-americana concluiu a conferência ratificando a necessidade e a urgência de se implantar a Pastoral Familiar nas suas dioceses, como uma "prioridade da Pastoral Orgânica na América Latina".[231]

449. Igualmente a Conferência de Santo Domingo (12 a 28/10 de 1992) insiste: "É necessário fazer da Pastoral Familiar uma necessidade básica, sentida, real e atuante. Básica, como fronteira da Nova Evangelização. Sentida, isto é, acolhida e assumida por toda a comunidade diocesana. Real, porque será respaldada, concreta e decididamente, no acompanhamento do bispo diocesano e seus párocos. Atuante significa que deve estar inserida numa pastoral orgânica. Esta pastoral [...] necessita ser acolhida a partir de seus próprios carismas pelas comunidades religiosas e pelos movimentos em geral".[232] Essa Conferência priorizou a família e a vida, como desafios de especial urgência na promoção humana, e acentuou, uma vez mais, a "prioridade e a centralidade da Pastoral Familiar na Igreja diocesana".[233] Reafirmou,

> Santo Domingo: Pastoral Familiar básica, sentida, real e atuante

---

[231] Idem, n. 590.

[232] Cf. Conclusões de Santo Domingo, op. cit., n. 64.

[233] Idem, n. 222.

ainda, que a Igreja anuncia "com alegria e convicção a Boa-Nova sobre a família, na qual se forja o futuro da humanidade e se concretiza a fronteira decisiva da Nova Evangelização".[234] E apontou quatro metas fundamentais e imutáveis, em relação à missão da família:[235]

1. Viver, crescer e aperfeiçoar-se como comunidade de pessoas.

Metas fundamentais da missão da família

2. Ser "santuário da vida" servidora da vida, já que o direito à vida é a base de todos os direitos humanos.

3. Ser "célula primeira e vital da sociedade": por natureza e vocação, a família é chamada a ser promotora do desenvolvimento, protagonista de uma autêntica "política familiar".[236]

4. Ser "Igreja doméstica" – "santuário que acolhe, vive, celebra e anuncia a Palavra de Deus".[237]

---

[234] Idem, n. 210.

[235] Idem, n. 214.

[236] João Paulo II. *Familiaris Consortio*, op. cit., n. 44.

[237] Cf. Conclusões de Santo Domingo, op. cit., n. 214.

A Pastoral Familiar no Brasil

450. No Brasil, a Pastoral Familiar começou a sistematizar a sua caminhada própria a partir de 1989.[238] Em 1993, obteve maior estímulo com a publicação do subsídio "Pastoral Familiar no Brasil", nº 65 da coleção Estudos da CNBB. Esse documento, ainda hoje atual, já na 14ª edição, sintetiza dados, subsídios e diretrizes da Pastoral Familiar e figura como um "embrião" deste Diretório da Pastoral Familiar em nosso País.

A relevância do nº 65 da coleção Estudos da CNBB

451. Em 1992, respondendo às necessidades das bases, manifestadas crescentemente nos Encontros Nacionais, foi criado, em Curitiba, o Instituto da Pastoral Familiar (IPF), hoje, Instituto Nacional da Família e da Pastoral Familiar (INAPAF), sediado em Brasília. Sua finalidade é prover a formação de agentes da Pastoral Familiar. Também nessa época os Congressos Nacionais da Pastoral Familiar firmaram a sua presença e passaram a ser precedidos pelos Encontros Nacionais de Assessores Espirituais da Pastoral Familiar.

A fundação do Instituto Nacional da Pastoral Familiar - INAPAF

---

[238] Antes estava vinculada ao Setor Leigos e à Pastoral da Criança.

452. Em 1994, a CNBB escolheu a família como tema da Campanha da Fraternidade. Com o lema "A Família, como vai?", lançou "o olhar sobre a realidade da família" e percebeu a situação extremamente delicada em que esta se encontrava.[239]

A Campanha da Fraternidade de 1994

453. Na esteira desses acontecimentos, unidos ainda aos Pronunciamentos do Papa – tanto nas visitas ao Brasil quanto aos Bispos brasileiros em visitas *Ad Limina* –, a Pastoral Familiar deu passos mais decididos. E a partir do "II Encontro Mundial do Papa com as Famílias" e o respectivo Congresso Teológico-Pastoral, realizados na cidade do Rio de Janeiro (1997), os avanços foram ainda maiores.[240]

O II Encontro Mundial do Papa com as Famílias no Rio de Janeiro

---

[239] Cf. CNBB. Campanha da Fraternidade 1994, op. cit., n. 4.

[240] Mais de 2.500 delegados, provenientes de todos os continentes, representaram 75 países no Congresso. Ouvindo especialistas de todo o mundo e trabalhando em pequenos grupos, aprofundaram os aspectos mais importantes do tema: "Família, dom e compromisso, esperança da humanidade!" Esse evento afirmou a necessidade de se empreender uma ação pastoral na qual as verdades centrais da fé irradiem sua força evangelizadora nos vários setores da existência, especialmente sobre os temas da família, como uma tarefa prioritária. E conclamou os pastores a "se conscientizarem cada vez mais de que a Pastoral Familiar exige agentes com uma esmerada preparação. Por sua vez, estruturas ágeis e adequadas nas Conferências Episcopais e nas dioceses, que sirvam de centros dinâmicos de evangelização, de diálogo e de ações organizadas em conjunto, com projetos bem elaborados e planos pastorais".

454. Em 1998, o então Setor Família da CNBB apresentou à 36ª Assembléia Geral da CNBB, os primeiros desdobramentos do 2º Encontro Mundial do Papa com as Famílias no Brasil. Traçou metas mais concretas para agilizar as ações de implantação da Pastoral Familiar nas paróquias e oferecer subsídios para a formação e informação das famílias. Elaborou e publicou o Guia "Pastoral Familiar na Paróquia", para ajudar as comunidades a implantarem e iniciarem os trabalhos na paróquia. E em junho de 2001, editou o "Guia de Preparação para a Vida Matrimonial".

Os Guias "Pastoral Familiar na Paróquia" e "Preparação para a Vida Matrimonial"

455. A partir de 1999, iniciaram-se também os Fóruns e Cursos de Bioética, com a Equipe de Bioética do Núcleo de Reflexão e Apoio (NURAP) do Setor Família. Em 2000, criou-se a Equipe de Políticas Familiares do NURAP, que deu início aos Seminários e Fóruns de Políticas Familiares, em parceria com o Instituto João Paulo II: o Pontifício Instituto para Estudos e Ciências sobre o Matrimônio e a Família, de Salvador/BA.[241]

Fóruns de Bioética e de Políticas Familiares

---

[241] O Setor Família e Vida publicou os conteúdos de todos esses eventos e também dos quatro últimos Congressos Nacionais da Pastoral Familiar.

456. Também em 1999, fruto de uma longa pesquisa conjunta, surgiu o 1º Plano Estratégico de Ação, para o biênio 2000-2001.[242]

457. Nesse mesmo ano, por necessidade imperiosa, foi erigida, em Brasília, a Secretaria Executiva Nacional da Pastoral Familiar (SECREN), que sedia também o INAPAF e as Equipes do NURAP.

A Secretaria Executiva Nacional da Pastoral Familiar – SECREN

458. Diante de tantas frentes e das ameaças e agressões à vida, em todos os seus estágios e situações, a partir de novembro de 2000, por aprovação unânime do Conselho Permanente da CNBB, o então Setor Família acrescentou ao seu nome a palavra Vida.

459. O Núcleo de Reflexão e Apoio (NURAP) vai ampliando seu trabalho de acordo com as demandas pastorais. Em 2002, criou a Equipe dos Casos Especiais (ECES) com a finalidade de coletar as variadas experiências dos Regionais, a partir da *Familiaris Consortio* e de outros documentos eclesiais. Está em fase de elaboração um "Guia de Pastoral Familiar

O Núcleo de Reflexão e Apoio – NURAP, e a Equipe dos Casos Especiais – ECES

---

[242] Em novembro de 2001, a 25ª Assembléia Geral da CNPF elaborou o Plano de Trabalho para o planejamento das ações da Pastoral Familiar no biênio seguinte e publicou, com o SEFAV, o 2ª Plano Estratégico de Ação para o biênio 2002-2003.

para os Casos Especiais". Ele oferecerá diversas diretrizes, critérios e possibilidades de ações socioevangelizadoras e missionárias para essa atuação, de acordo com as orientações do Magistério e da CNBB.[243]

460. Por ocasião da 41ª Assembléia Geral da CNBB, o Setor Família e Vida foi constituído na atual Comissão Episcopal Pastoral para a Vida e a Família. Esta tem à frente o Bispo-Presidente e dois Bispos-Conselheiros nacionais.

A Comissão Episcopal Pastoral para a Vida e a Família

Objetivos da Pastoral Familiar

461. O trabalho desenvolvido pela Pastoral Familiar é amplo e abrangente. É preciso que as equipes que nela trabalham tenham claro quais os seus objetivos e prioridades, cujo enfoque principal é promover, fortalecer e evangelizar a família. Dentre as principais ações, destacam-se:

Objetivos:

1. *Formar agentes qualificados.* Essa é a meta prioritária e indispensável da Pasto-

– Formação de agentes de pastoral

---

[243] A Pastoral Familiar procura agir iluminada também pelas Diretrizes Gerais da Ação Evangelizadora da Igreja do Brasil e pelos subsídios dos Projetos Globais da CNBB, como o Projeto Rumo ao Novo Milênio (PRNM) e o Projeto Ser Igreja no Novo Milênio (SINM), como o atual "Queremos ver Jesus!".

ral Familiar. Desde os primeiros Congressos Nacionais, foi constatada essa necessidade, que motivou a criação do Instituto Nacional da Família e da Pastoral Familiar (INAPAF) e também a ação incentivadora de um movimento, nesse sentido, em todas as dioceses. É necessário sempre lembrar que a formação é um processo contínuo: ninguém se considere "diplomado ou pronto" em matéria de pastoral. A formação dura a vida toda. Cuidado especial precisa ser dado à educação da sexualidade e ao planejamento familiar. A formação desses agentes seja tal que saibam transmitir os ensinamentos da Igreja a esse respeito com simplicidade, clareza e precisão, sem prescindir da compreensão e da caridade cristãs perante as diversas realidades vividas pelos casais.

2. Oferecer, com qualidade, *formação aos noivos*, suscitando-lhes um singular interesse nos três estágios de preparação: remota, próxima e imediata. Nessa formação hão de se sublinhar os aspectos matrimoniais que apresentam maior fragilidade: a indissolubilidade do vínculo, a superação das crises conjugais, a abertura da relação con- — A formação dos noivos

jugal para a fecundidade e a responsabilidade prioritária na educação dos filhos.

3. *Acolher toda e qualquer realidade familiar*, para que o "programa único do Evangelho continue a penetrar, como sempre aconteceu, na história de cada realidade eclesial"[244] e especialmente na pequena "Igreja doméstica".

— Acolhimento de toda realidade familiar

4. Unir *esforços para que a família seja, de fato, um santuário da vida*. Valorizar o ser humano em todos os seus estágios, *desde a concepção até a morte*; repudiando por todos os meios qualquer manifestação de aborto, sejam quais forem os motivos e falsas justificativas; rejeitando todos os métodos artificiais de contracepção e *ajudando a compreender e praticar os métodos naturais*, quando houver motivos para utilizá-los.

— Valorização do ser humano, desde a concepção até a morte

5. Promover o fortalecimento dos laços familiares nos ensinamentos evangélicos e *apontar caminhos para a solução das crises* e dos problemas intrafamiliares de todo tipo, a fim de evitar as separações e o divórcio.

— Fortalecimento dos laços familiares

---

[244] Cf. João Paulo II. *Novo Millennio Ineunte*, op. cit., n. 29.

6. *Incentivar o crescimento da espiritualidade familiar de diferentes maneiras,* de tal modo que pais e filhos encontrem no lar o ambiente mais propício para o desenvolvimento da sua vida cristã.

– Incentivar a espiritualidade familiar

7. *Despertar a família para o seu papel educador,* de escola onde se aprendem e experimentam os valores humanos e evangélicos. Preparar as novas gerações para o matrimônio. A tarefa educativa é para os pais uma missão sagrada, insubstituível e inalienável.

– Sublinhar o aspecto educador da família e o seu sentido missionário

8. *Despertar o sentido missionário da família.* É a família que evangelizará a família! Buscar todos os meios para sanar e fortificar esta célula básica da sociedade da qual deriva o vigor a todo o organismo social.

9. Oferecer contínuo apoio aos casais e famílias das comunidades e paróquias, e *reaproximar as famílias afastadas da Igreja.*

– Suscitar a participação das famílias nos tempos litúrgicos

10. *Promover a participação das famílias nos tempos litúrgicos* mais importantes e igualmente suscitar reuniões de reflexão de subsídios especialmente preparados para esse fim e eventos celebrativos.

11. *Prosseguir na articulação e na busca de apoio dos integrantes dos Movimentos, Serviços e Institutos Familiares e de promoção e defesa da vida.* Esses, de fato, já atuam como agentes da Pastoral Familiar nas paróquias ou dioceses.

– Colaboração com os Movimentos, Institutos e Serviços Familiares

Organização[245]

462. A partir da estrutura proposta na *Familiaris Consortio* e considerando a realidade brasileira, a Comissão Episcopal Pastoral para a Vida e a Família propõe uma organização estrutural, que é a mais comumente usada pela Pastoral Familiar no Brasil. Ilustrada nos diversos organogramas que seguem mais adiante, ela abrange os setores pré-matrimonial, pós-matrimonial e os casos especiais.

Organização a partir da *Familiaris Consortio*

Setor Pré-Matrimonial

463. Em nossos dias, a realidade de muitas famílias já não oferece elementos convincentes para o exercício da vocação matrimonial. Por isso, as paróquias passaram a exigir, com a documentação necessária para o matrimônio,

Setor Pré-Matrimonial: encontros de preparação para a vida matrimonial

---

[245] Cf. João Paulo II. *Familiaris Consortio,* op. cit., nn. 67 a 79.

um certificado de participação no "Curso de Noivos", oferecido sob várias modalidades pelas comunidades. Para auxiliar nessa missão específica, como já dissemos, o então Setor Família e Vida preparou e lançou, para todo o Brasil, o "Guia de Preparação para a Vida Matrimonial". Sua aplicação tem dado resultados bem satisfatórios.

Setor Pós-Matrimonial[246]

464. Tem a responsabilidade de promover a formação contínua para a vida conjugal, familiar e comunitária. Utiliza-se, para isso, de recursos diversos: contatos individuais, organização de eventos festivos, cursos, ciclos de conferências, encontros de reflexão e de trabalho, grupos de estudo e apoio para a vida em família etc. O subsídio "Hora da Família", os módulos de estudo do INAPAF e a Revista Vida e Família (antigo Boletim Informativo da Pastoral Familiar), publicados pela Comissão Episcopal Pastoral para a Vida e a Família, contêm, entre outros, temas para a formação da família, o cultivo da convivên-

> Setor Pós-Matrimonial: promover a formação continuada dos cônjuges

---

[246] Esta terminologia, utilizada na *Familiaris Consortio,* coincide com o acompanhamento permanente da vida matrimonial.

cia familiar e a promoção da vida espiritual. Igualmente, ajudam nesse sentido a realização de retiros, seminários, fóruns, congressos e assembléias.

Setor Casos Especiais

465. No caso de matrimônios mistos – contraídos entre um católico e um cristão não-católico – ou de casamentos feitos com dispensa de disparidade de cultos – entre um católico e um não-cristão – é preciso ter especiais cuidados, como indica o Código de Direito Canônico e a própria *Familiaris Consortio.* Tomadas essas cautelas, diminuirão consideravelmente os problemas surgidos dos conflitos inerentes, para experienciar o verdadeiro ecumenismo e o diálogo inter-religioso no âmbito da Igreja doméstica.[247]

Setor Casos Especiais: orientar os casais que se encontram em situações especiais

Organogramas

466. Os organogramas que seguem ilustram as estruturas da Pastoral Familiar desde a Comissão Episcopal Pastoral para a Vida e a Família da CNBB, até o nível paroquial. De uma

---

[247] Cf. CNBB. Guia Ecumênico, Doc. 21, pp. 235 a 243.

forma ou de outra, já se falou um pouco sobre cada uma dessas estruturas nos tópicos anteriores:

1. Comissão Episcopal Pastoral para a Vida e a Família – CNBB
2. Comissão Regional de Pastoral Familiar
3. Comissão Diocesana de Pastoral Familiar
4. Comissão Paroquial de Pastoral Familiar
5. Instituto Nacional da Família e da Pastoral Familiar - INAPAF

ORGANIZAÇÃO DA PASTORAL FAMILIAR NO BRASIL

ANEXO 1
ORGANIZAÇÃO DA PASTORAL FAMILIAR NO BRASIL – CNBB

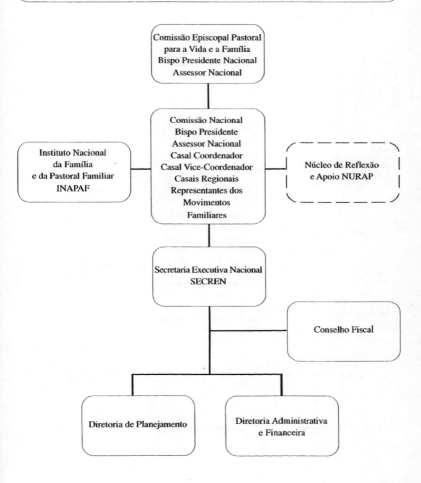

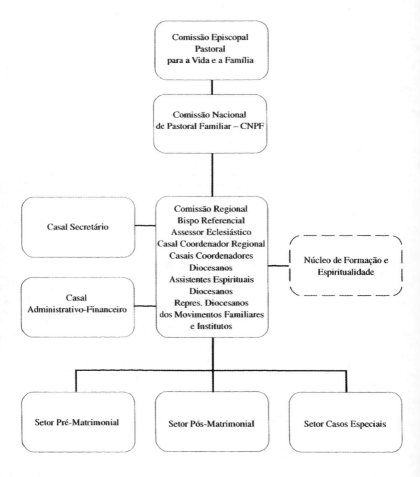

ANEXO 3
ORGANIZAÇÃO DA PASTORAL FAMILIAR NO BRASIL – CNBB
Comissão Diocesana

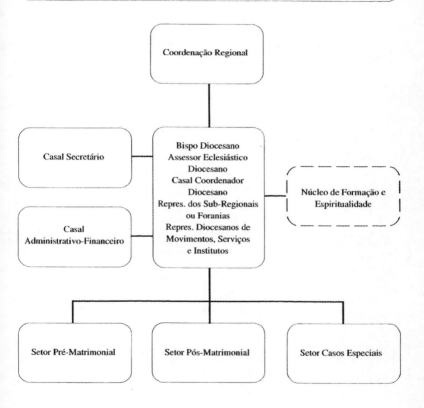

277

ANEXO 4
ORGANIZAÇÃO DA PASTORAL FAMILIAR NO BRASIL – CNBB
Comissão Paroquial

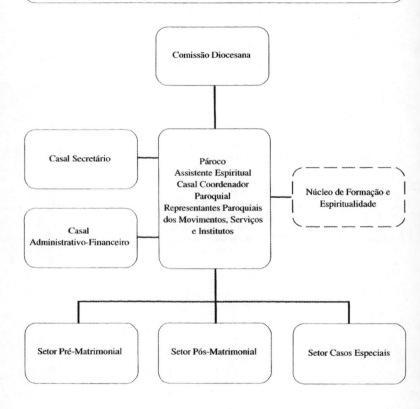

ANEXO 5
ORGANIZAÇÃO DA PASTORAL FAMILIAR NO BRASIL – CNBB
Instituto Nacional da Família e da Pastoral Familiar – INAPAF

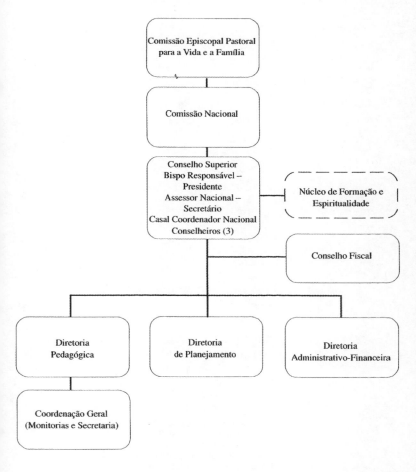

Rua Dona Inácia Uchoa, 62
04110-020 – São Paulo – SP (Brasil)
Tel.: (11) 2125-3500
paulinas.com.br – editora@paulinas.com.br
Telemarketing e SAC: 0800-7010081